品質本位

優良品

芳香佳味

香り自慢

特撰

極上

天然

料精撰

金印

味で一番

乃味

純正食品

味自慢

芳香佳味

精撰

銘茶

極上

純

特選

上煎

日本一

品質無比

金印

純

おいしい ご当地スーパーマーケット

47都道府県で出会ったひとめボレ食品さん

はじめに

今まで世界のスーパーマーケットの商品をコレクションしてきた私が、満を持して日本47都道府県のスーパーを巡りました。

日本でも、世界と同じくルールは3つ。

1　その県で産まれたスーパーへ行き
2　その県の会社が製造・販売しているものの中から
3　親しみを感じる、愛らしい佇まいの食品を選ぶ

さらに細かいルールを付け足すとすれば、車がなくても公共交通と徒歩で行ける立地。そしてできれば、2軒だけでもいいのでチェーン展開しているスーパー。

「親しみを感じる、愛らしい佇まい」とは、ずばり、パッと見てときめくデザインかどうか。もっと簡単に言うと、ひとめボレしたかどうか、です。

私のセンサーは、地元の人に昔から親しまれているもの、よそゆきではないものに強く反応します（たまにハズレることもありま

す）。おのずとレトロな雰囲気のものが多くなるのは、大量生産ではないためパッケージに使える色数に制限があったり、買い続けている人を混乱させないためにリニューアルしなかったりするからです。しかしそこにこそ「初めて見るのになぜか懐かしい」という特別な感覚が潜んでいます。

今回、足を踏み入れたご当地スーパーは約１４０軒。買った食品と雑貨は１１７２点。うち惜しくも紹介からもれたものが２１２点。手描きＰＯＰに溢れる家庭的なスーパーから、インテリアショップのようにスタイリッシュなスーパーまで。その県にしかないもの、ほとんどの県にあるもの、見ただけでは何だかわからないもの……。私たちを惹きつけてやまないスーパーマーケットと地場の食品という存在。その魅力は多種多様、そして底なしです。

ちょっとしたものに、その県らしさが溢れています。懐かしい同級生の顔を見に行く気持ちで、隣りのクラスの人に思い切って話しかけるような気持ちで、愛すべき食品たちに会いに行ってみませんか？

森井ユカ

もくじ

見る47都道府県

column

読む47都道府県

［掲載商品の基準について］

＊いわゆる石鹸や食器などの日用雑貨については、県で区分けすると大幅な偏りがあるので、この本では食品を主役とし、雑貨はコラムにまとめることにしました。

＊同じ県であっても、元は別の「国（藩）」同士が同居しているというケースもあり、南北また東西で相容れない文化が存在することも少なくありません。にもかかわらず県をひとくくりとして解説しているところも多くありますが、いずれ各県1冊ずつの出版を期待していただくとして、今回は導入ということでご容赦いただければ幸いです。

［掲載商品の価格について］

＊本書に掲載の食品、製品はすべて森井ユカの私物であり、価格は購入した店や時期により変化します。時に特売などをやっていた場合、通常より安いケースもあります。あくまで参考価格としてご了承いただければ幸いです。

＊また、支店やその場所などのデータは2013年1月のものであり、変更されることもあります。十分にご注意ください。

写

見る47都道府県

く目立つ（a）15.函館こがね（北食,398円）深い色のしっとりとしたさきいか。ほんの少しだけピリ辛 16.サッポロソフト（札幌酒精工業,265円）ポケットにするりと入る薄型のビンは、さとうきび糖蜜の焼酎。20度 17.札酪牛乳（サツラク農業協同組合,178円）手でていねいに書いたような文字は、売り場で目に飛び込んでくる 18.サッポロミニソフト 青（20度）／（25度）（札幌酒精工業,青160円／赤178円）左に同じくさとうきび糖蜜の焼酎。意外にクセがない。手っ取り早く暖まるならやっぱりこれ 19.らっきょ飴（茶木,148円）単にラッキョウ型の飴なのかと思いきや、醤油の風味が利いていてウマい！ 20.きびだんご（谷田製菓,398円）麦芽水飴、砂糖、もち米などが原材料のモチッとした腹持ちのよいお菓子。もともとは非常食 21.あめせん（茶木,128円）いわゆる南部せんべいで飴を挟んだもの

北海道のおすすめスーパー

ラルズマート（札幌店）

札幌駅徒歩圏、札幌タワーに近くわかりやすい。非常に味のある百貨店の地下。

LUCKY（山の手店）

地下鉄「西28丁目」徒歩。売り場が整然としており、北海道産のものも多く見つかる。

001 北海道 Hokkaido

1.荒挽唐がらし（中村食品産業,88円）粗挽きではなく、荒挽。唐辛子の風味がちゃんと残っている **2.ラインサンド**（坂栄養食品,168円）サクッと軽い歯応えのビスケットで、クリームをサンド。これは止まらない **3.日高昆布**（中村昆布加工店,198円）むむ、安い！ ちょっと厚みがないけど、味に文句なし。遠慮なくばんばん使える **4.ひやむぎ**（マルナカ,100円）初めて食べる北海道のひやむぎは、コシがありそしてとってもリーズナブル **5.カステーラ**（高橋製菓,80円）北海道のスーパーに行くとつい買ってしまう、素朴な味わいのカステラ。タイトルの書体が紛れもなく北海道を体現している **6.だし入りみそ**（岩田醸造,198円）使いやすい王道的風味。すぐ溶けるやわらかさ **7.麦芽水飴**（ロマンス製菓,218円）北海道や東北でよく見かけるちょっと茶色い麦芽の水飴。透明の水飴より甘さはライト **8.ラード**（ベル食品,158円）サラダ油を使うより、ラードの方が断然おいしい。マヨネーズのようなボトルから少しずつ出せるので使いやすい **9.アスパラガス**（クレードル興農,498円）太めのホワイトアスパラがみっちり **10.スイートコーン**（クレードル興農,198円）甘いコーンはどんな料理にも使えそう **11.くきほうじ**（宇治園,238円）初めて飲んだ北海道のお茶。素朴な風味 **12.豚丼のたれ**（ソラチ,238円）帯広の友人がいつもお土産に持たせてくれる万能たれ。ほんのり甘い常備調味料 **13.ラーメンスープ みそ味／しお味／しょうゆ味**（ベル食品,各198円）小さな1缶で6人前。使いやすい半生タイプで、旨味が凝縮。塩味はスープにしてもおいしい **14.サッポロ生ラーメンスープ みそ味／しお味／しょうゆ味**（西山製麺,各118円）スープ、ラード、粉末調味料がセットの無敵な組み合わせ。パッケージのキャラがよ

▲ナット昆布……
南極越冬隊の食
品に採用。親子
ペンギンのキャラが
シンプルでよい。

▼しおから昆布……
打ち寄せる波が
食欲をそそる！

▼バターせんべい
……正円の南部
せんべいに対して
ちょっと楕円。

青森のおすすめスーパー

マエダ（新城店）
津軽新城駅徒歩圏、2011年リニューアル。適度な広さでゆったり買物ができる。

さとちょう（城東店）
弘前駅徒歩圏。青森産のものには「青森の正直」ステッカー付きで選びやすい。

¥10

002 青森 Aomori

1.密閉搾り（JAアオレン,98円）完熟リンゴのあの蜜の部分を思わせる甘さ 2.関乃井（関乃井酒造,225円）青森の澄んだ空気に映える雪山。キレのある清酒 3.やきふ（松尾,248円）食べやすい大きさ、このままポンと味噌汁に放り込める気軽さもいい 4.メンマ（丸神産業,98円）あっさり醤油系ラーメンにぴったり 5.わかめ汁（かねさ,398円）付属のスプーンで好きな分量をすくえる顆粒状味噌汁 6.りんごたまり（ピーアンドディーカワムラ,550円）りんごエキスとりんご酢が入ったたまり醤油。さわやかな味わい 7.りんご酢（カネショウ,1180円）甘く深くしみ入る味、このままでもおいしく飲める！ 8.津軽飴（上ボシ武内製飴所,398円）甘過ぎないので、スプーンですくっていくらでもいける。南部せんべいで挟んで食べるのが基本 9.ナット昆布（おさきん,208円）水で戻せば納豆のような粘りが 10.白梅（六花酒造,1188円）香りよくスッキリと飲みやすい。普段の食事にも合いそう 11.スタミナ源たれ（上北農産加工農業協同組合,228円）もはや全国区、コクと旨味があり何にでも合う 12.いちご煮（味の加久の屋,980円）これはウマ〜い！ 磯の香りと滋味溢れるウニとアワビのすまし汁 13.ほたてしらゆき（みなみや,648円）ほぐした帆立のマヨネーズ和え。意外にも洋風、パンに合う 14.やきとりのたれ（上北農産加工農業協同組合,228円）甘塩っぱい北の味。焦げ目のついた肉にぴったり 15.桃川（桃川,198円）ちょっと辛口の清酒。どんぶらこと流れる桃が目印 16.酢の素（ワダカン,128円）3倍に希釈して使うお酢 17.バターせんべい（八戸屋,198円）ご存知南部せんべいの進化系。バターのしっとりとした味わいに塩気がプラス 18.しおから昆布（みなみや,258円）水分で粘りが出でたらそのままおかずに 19.干餅（兼成健逸,680円）カリッと堅い昔ながらの保存食。味わいは綿ごし豆腐、軽く焼いてバターも似合う

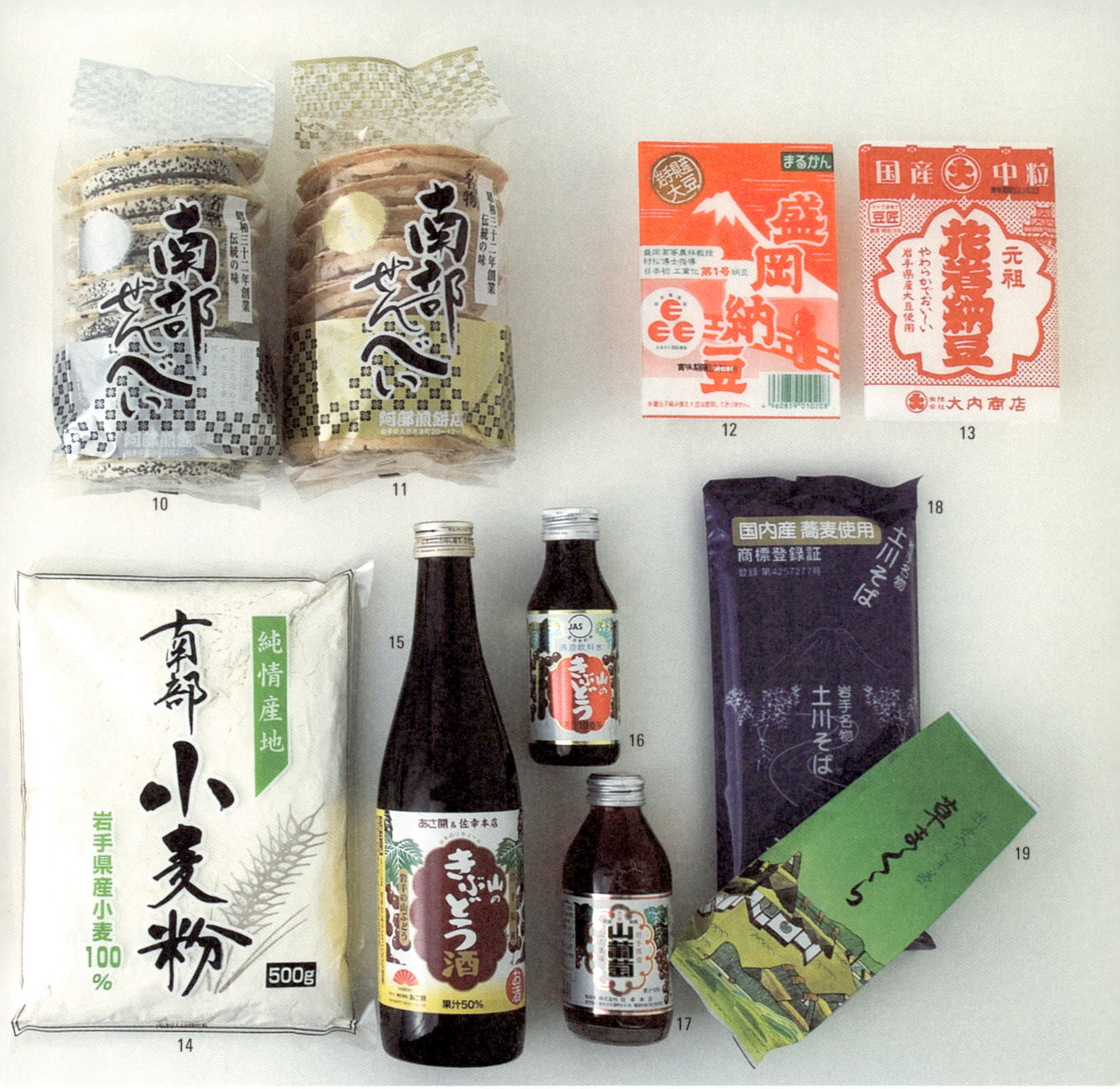

い 16.山のきぶどう（佐幸本店,308円）こちらはお酒ではなく100%ストレートジュース。あとを引く濃厚な味わい 17.山葡萄（佐幸本店,125円）そしてこれは果汁10%のスッキリとしたぶどうジュース。リキュール、100%、10%ジュースと常に揃えておいて、気分に合わせ飲んでみたい 18.土川そば（土川そば盛岡,358円）お店の包装紙のような気取らないパッケージがたまらない。延びにくくコシもある、コスパの高いおすすめのお蕎麦 19.草まくら（竹原商店,418円）抹茶入りくき茶。まろやかでほっとする味わい

岩手のおすすめスーパー

JOIS（本町店）

盛岡駅から散歩気分で20分、景観が変わるため飽きない。中規模で整然としている。

MAIYA（仙北店）

大規模。岩手県産多数あり。震災地陸前高田ではいち早く仮設店舗で再開。

003

岩手 Iwate

1.だんご粉（岩手阿部製粉,278円）裏面には「切山椒（ゆべし）」の作り方が。東北では柚子ではなくくるみを投入。とにかく岩手は団子粉が多かった 2.うず巻麩（矢沢製麩店,138円）薄い緑の渦巻きが食欲をそそる 3.切いた麩（石田製麩所,198円）ちょっと香ばしい短冊状の麩。サッと素揚げして食塩と七味で和えると格別のおつまみになるとのこと←袋裏情報より 4.弁慶のほろほろ漬（只勝市兵衛本店,258円）みじん切りのにんじん、キュウリなどをもろみで漬けたもの。味に厚みがありおいしい。ご飯何杯でも 5.松前とろろ（小山商店,298円）旨味の濃い調味料が同封されているので、醤油と水に浸せば完成 6.煎茶（竹原商店,598円）品のある味と香り。正座していただきたい日本茶のスタンダード 7.南部美人（南部美人,210円）スッキリ軽い。お昼の駅弁にも合いそう。色白の着物美人が目印（a）8.雪っこ（酔仙酒造,268円）20度もあるとは思えない、甘く軽い飲み心地。おいしい 9.ほうじ茶（繁田園,315円）「熱湯を短時間で入れることが香りよいお茶を入れるコツ」と、書いてある通りにしたら本当にいい香り！ 10.南部せんべい ごま（阿部煎餅店,298円）今まで食べた南部せんべいの中では屈指の歯応え。ゴマも豊富 11. 南部せんべい まめ（阿部煎餅店,298円）同じく歯応え抜群、袋を空けると豆の香りがふんわり。ほんのり甘い 12.盛岡納豆（丸勘商店,88円）粒が大きめで粘りが強い 13.花巻納豆（大内商店,78円）同じく粘りが強い。食べ応えあり 14.南部小麦粉（東日本産業,168円）岩手県産の南部小麦100%、南部小麦はグルテン質が多く含まれているそう 15.山のきぶどう酒（あさ開&佐幸本店,1498円）酸味と甘さの中にちょっとだけほろ苦さのあるリキュール。ぶどうのさわやかな香りがたまらな

a

気品漂う乾麺。宮城名物の温麺（うーめん）は、片倉家（伊達家の重臣）の家臣筋にあたる人物が、胃の弱い父のために油を使わない製法で作ったもの。通常の半分の長さというのも労せず食べるための工夫 **14.温麺**（きちみ製麺,4コ318円） **15. ヤマセイ**（横山味噌醤油店,298円） 宮城のご家庭の台所に必ずありそうな濃い口醤油。POPに書いてあった説明がとっても楽しかった。「昔、○○小学校の運動会の1等賞だったお醤油です」……なるほどそれはぜひとも味わってみたくなるというもの **16.青きな粉**（瀬川本店,248円） 私は青大豆がさわやかな青きな粉派 **17.きな粉**（松田製粉,108円） 大豆の風味満点のきな粉。学生のときに先生から聞いた「豆と穀物さえあれば日本人は生きていける（必須アミノ酸が摂取できる）」ということを、各県のスーパーで思い出す

宮城のおすすめスーパー

つかさ屋（東仙台店）
全国から厳選された逸品が並ぶ、宮城の名店。POPも充実。

004 宮城 Miyagi

5

1 2 3 4 6 7 8 9

1.不二の新糖（不二化学食品工場,105円）主に漬物に使う合成甘味料。砂糖よりカロリー抑えめ **2.たまご酒**（仙台伊澤家勝山酒造,683円）アルコール10度。飲むと暖まる、クリーミーなリキュール。解説によると、その昔、女性が公に酒を飲めなかった時代、玉子酒だけは風邪にかこつけて飲むことができたそう。今、風邪でなくても飲める喜び **3.七色麩**（喜多屋焼麩製造所,108円）麺の汁やお吸い物に入れるだけでぱっと華やかに。職人さんの手作りだそう **4.ごまだれめんつゆ**（ヤマカノ醸造,490円）ゴマの味が濃厚で、トロッとしている。豆腐にも合う **5.松島麸**（喜多屋焼麸製造所,185円）慎重に持って帰ってきた細長い麸。好みの厚さに輪切りにして使用 **6. 吉田屋の本醸造しょうゆ**（吉田屋,270円）かわいらしいうさぎが目印のお試しサイズ。実はラベルに書いてある文言は何種類かある。使い切って次を買うのが楽しみになる醤油 **7.技**（玉松味噌醤油,525円）香りのよい本醸造濃い口醤油。まさに技あり **8.たくあん漬の素**（不二化学食品工場,258円）素朴で親しみを感じるパッケージ。漬物の素は全国で生産されている。そしてどの県にも、家庭で作っている人が必ずいる **9.勝山**（仙台伊澤家勝山酒造,550円）非常にシャープ、ほのかな甘味。伊達領限定の純米吟醸酒。勝山酒造はゴージャスな極純原酒からご家庭酒まで幅広い品揃えの宮城の老舗。なんと結婚式場も **10.なす漬の素**（不二化学食品工場,71円）前述のたくあん漬の素と同じく、魅力あるパッケージ。茄子の漬物は色の美しさが命 **11.吉田屋の生みそ**（吉田屋,598円）赤色の粒タイプ、深みのある味。よく見ると顔が付いている愛嬌のあるパッケージ **12.日の出納豆**（ヒノデサン,58円）歯応え、粘り共にしっかりしている小粒納豆。昔ながらのパッケージは、宮城県人の脳裏に焼き付くビビッドなデザイン **13.温麺**（はたけなか製麺,4コ248円）どんな汁にも合う

レのある清酒。細いフォルムの瓶が美しい **17.とろろ昆布**（小松冨之助商店,298円）私も大好きなとろろ昆布。とってもやわらかくて軽い味わい **18.粉末納豆昆布**（小松冨之助商店,298円）東北のあちこちで見られる納豆昆布。少量のお湯を加えてしばらくすると粘りが。しょっぱいものもあるけれど、これはちょうどよい塩味 **19.ビートロン**（嶋津,178円）ブドウ糖、サッカリンナトリウム、ステビアの合成甘味料。東北では主に大量の漬物作りのときに使うそう。ぺろっと舐めると……なるほど目の醒めるほどの強烈な甘さ **20.美酒爛漫**（秋田銘醸,198円）私の育った関東でも憶えのあるCM。これは甘口の日本酒だけど、地元秋田の人には辛口好きが多いとか

秋田のおすすめスーパー

タカヤナギ・グランマート（手形店）

秋田駅徒歩圏。試食販売を「ふるまい」と言い常に店内放送、活気あり。創業1910年。

005 秋田 Akita

1 2 3 4 9 10 11 5 6 7 8

1.焼肉のたれ（シバタ食品加工,418円）無添加、手作りの雑味のない味 2.ミヤコシのはちみつ（宮腰養蜂場,698円）なめらかさにびっくり。味もやさしい 3.塩魚汁（しょっつる）（仙葉善治商店,498円）秋田名物、魚を原料にした魚醤。薄めの醤油に魚の旨味が息づく感じ。タイやベトナム料理の魚醤よりもマイルド 4.白玉粉（淡路製粉,215円）大福や団子など主に菓子作りに使う、もち米が原料の粉。淡路製粉のサイトにはレシピがたくさん！ トレードマークのウサギが愛らしい（a）5.ほうじ茶（繁田園,525円）他府県で以前このメーカーのお茶を買ったがどれも香り良く、記憶に残っている 6.東雲羊羹（長栄堂,148円）舌触りがなめらかで、品のある味。パッケージも美しい 7. 茶ようかん（茶誠堂,158円）北限の茶、檜山茶が香る羊羹 8. なめこ（マルイシ食品,598円）大きさの揃った水煮のなめこがいっぱいに詰まっている。つやつやとして愛らしい 9.ぜんまい（マルイシ食品,798円）茎の太さが揃った、しっかりとしたぜんまいの水煮。筋がなくやわらかい 10.ふき（マルイシ食品,598円）縦に詰まった太いふきの水煮 11.ろ印ほうじ茶（辻吟,525円）味がしっかり出るほうじ茶。お茶漬けが食べたくなる 12.竿灯片栗めん（松田製麺所,128円）独特のボリューム感があるので洋風の料理にも合うかも 13.十和田ワイン（マルコー食品工業,1300円）2種類のワインを長期熟成させてブレンドしたドライなタイプのワイン。私好みの酸味強めな香り 14.福乃友 純米吟醸原酒 又右ェ門蔵（福乃友酒造,345円）甘くて飲みやすい18度。包み紙は地元秋田の新聞紙。ついじっと見入ってしまう…… 15.秋田味噌（小玉醸造,348円）赤系辛口味噌の代表銘柄とのこと。しかしほんのり甘くまろやか。生のキャベツに付けて食べたい 16.清酒新政（新政酒造,308円）キ

a

（鈴木製麸所,398円）板状の麸。水に浸してから絞り、適当な大きさに切って使う **14.城西牛乳**（城西牛乳,80円）真ん中のお城マークが重厚かつ愛らしい **15.ちからみそ**（紅谷醸造場,398円）スタンダードなご家庭味噌 **16.中華そば**（昭和製麺,2コ428円）ずっしりとなかなかのボリューム、しかも2コパック **17.みそパン**（矢作菓子店,315円）大きくてやわらかいクッキーに味噌を塗ってちょっとあぶったような味。ほんのり甘い **18.フジみそ**（フジ味噌醤油,628円）もち米粕入りのまろやかな味噌。山形だから、味噌でも目印はサクランボ

a

山形のおすすめスーパー

ヤマザワ（新庄店）
新庄駅徒歩15～20分。県産品は「おなじみ地元の味」の小さなのぼりが目印。

006 山形 Yamagata

1.初孫（東北銘醸,970円）「芋煮会（野外で大鍋に芋の煮物を作る山形の秋冬の風物詩）といえば初孫、初孫といえば芋煮会」と、この2つは切っても切れない関係らしい。軽い飲み口で、たしかに野外でクイッといきたくなる感じ。よく見るとかわいいサクランボが（a）2.なめこ茸（土屋食品,368円）かなりの大粒。秋田のなめこ缶と似ていますが、違う会社。まるで世界の各所でバラバラに進化したはずの動物なのに似通った形態になるがごとく、なめこ缶も似るのだろうか…… 3.雪割納豆（まるよね食品工業,265円）納豆の味噌漬けとも言えそうな、深く濃い味わい。ずばり私の幼い頃からの大好物。ないと生きていけないくらい好きだけど、山形では知らない人もいることに驚き 4.爽金龍（金龍,1500円）米焼酎25度、パッケージのデザインは東北芸術工科大の学生。学生も飲みやすいであろう口当たりの軽さ 5.ナイアガラ（天童ワイン,1368円）まるでジュースのようにさわやか！ ケーキなど洋菓子にも合いそう 6.しそまきの粉（佐藤製餡所,440円）しそ巻用のもち粉。しそ巻とは、味噌、砂糖、もち米の粉、白ごま、唐辛子、酒を混ぜてしそで巻き、油で揚げた郷土料理 7.山形そば（酒井製麺所,120円）リーズナブルなお手軽そば 8.蔵王そば（みうら食品,148円）お手軽だけどしっかりそばの風味。県民はそばの味にうるさいので生そば率が高いそう 9.最上納豆（篠原商店,3コ268円）大きめの豆が美味しい。ゴールドでAで最上ときたらおいしくないわけがない 10.くるま麩（鈴木製麩所,398円）袋入りの巨大な麩は、山形のご家庭の台所に吊るされている確率が非常に高いとのこと 11.納豆汁（丸亀八百清商店,198円）ひきわり納豆に味噌を混ぜたもの。お湯に溶かして納豆汁に。私はこのまま刻みネギと一緒に白米と。ねっとりしておいしい！ 12.やまべ牛乳（後藤牧場,130円）ビン入りの牛乳って何でこんなにおいしいのだろう 13.板麩

ん漬けの素も各地でつい買ってしまうのだが、対象となる大根の量の多さにひるんで使えないまま。しかしどれもデザインが魅力的 12.茶 瑞鳳（菊屋茶舗,1050円）安くはないお値段だけあっておいしい。澄んだ味わい 13〜15.酪王牛乳（酪王乳業,48円,76円,103円）ミルクが1滴落ちたときにできるミルククラウンがモチーフ。同じようなモチーフを使っている組合がいくつかあるけど、こんなに小さくて愛らしいパック（100ml）は見たことがない。料理にちょこっとだけ使うとき便利 16.みのり納豆（ミドリヤ,68円）何個でもいける素朴な風味

9 大七のラベル裏。
よく見るとうっすらと雪景色。
福島らしい光景。

b

福島のおすすめスーパー

リオン・ドール（須賀川東店）
1950年創業。福島産のものを買うならここ１軒で揃いそうなほど地元意識が高い。

007

福島 Fukushima

1.白玉粉（菊地製粉所,218円）もち米で作られた粉。水を加えてこね、丸めてから茹でて、きな粉やあんこと共に食す。麩と共に日本各地で見た食材。私も小学生のときにはよく白玉粉で団子を作りました。うさぎなんかの形を作ってみるも、いつもうまくいかなかった……今こそリベンジのとき？ **2.白虎みそ**（会津天宝醸造,298円）糀がたくさん入った奥深い味の味噌。裏面の「旬の味噌汁ベスト3」がひそかに素晴らしい（a） **3. 凍豆腐**（立子山凍豆腐,198円）お湯で戻せばすぐ味付けできる凍豆腐。水分をぐんぐん吸収。煮物にぴったり。煮込めば煮込むほどおいしくなる **4.会津ほまれ**（ほまれ酒造,1180円）辛口パック。倉をイメージしたパッケージがスーパーの中でとてもよく目立つ。福島では非常にメジャーなご家庭酒。するすると水のように飲みやすい **5.白玉麸**（大橋製麸所,158円）直径1.5cmくらいのコロコロしたかわいらしい麩。実はコーンスープやコンソメスープに入れてもおいしい **6.いしかわ<奥が細麺、手前がうどん>**（松山製麺所,148円）福島南部の温泉町・石川町で生産されたうどん。茹でたてウマし **7.手いり きな粉**（井上商店・製粉工場,170円）大豆の味をしっかり感じるキメの細かいきな粉。きな粉に味を付けるポイントは、砂糖は控えめ、塩をひとつまみ **8.コマツ醤油**（コマツ醤油,248円）一般的な濃い口醤油 **9.10.大七**（大七酒造,カップ210円,ビン688円）福島では会津ほまれと共にメジャーなお酒。会津ほまれに輪をかけて、まろやかで飲みやすい。カップを後ろから見ると、ラベルの裏に本社の姿が（b） **11.おいかわづけ**（及川淳商店,1028円）たくあん漬けに使う調味料、20kg用。たくあ

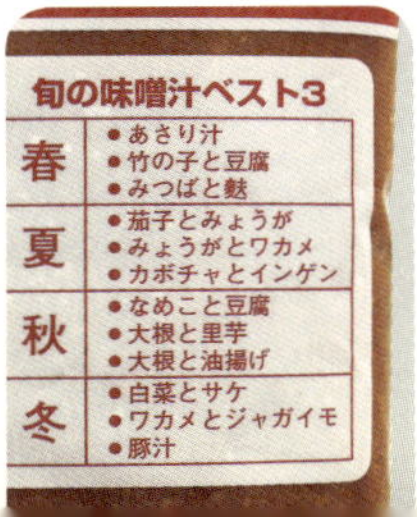

旬の味噌汁ベスト3	
春	あさり汁/竹の子と豆腐/みつばと麩
夏	茄子とみょうが/みょうがとワカメ/カボチャとインゲン
秋	なめこと豆腐/大根と里芋/大根と油揚げ
冬	白菜とサケ/ワカメとジャガイモ/豚汁

a

特

ひとめボレ！ 特撰ご当地パッケージ①

ディテールにホレ込んだ逸品を、集合写真から抜き出して、ピンでご紹介！

Column

新発田麩 新潟

ご当地パッケージの代表的な特徴である「1色あるいは2色使い」「手書きの文字」「自然がモチーフの飾り模様」すべて網羅している完璧なルックス。まるで麦が踊り出しているように見えないだろうか？　パソコンで引いた線だとなかなかこうはいかない。理由は簡単、自分で描いていないから（宮村製麩所,348円）。

最上納豆 山形

あえて文字だけで勝負した潔いデザイン。バーコードとマークでさえ大切な構成要素のひとつに見える。ご当地パッケージでよく使われるワードは、元祖／純正／特撰／特級／極上／最高品質／日本名産、そしてここにあるゴールドなど（篠原商店,3コ268円）。

うずまき酢の素 石川

英字、平仮名、漢字、植物のイラスト、そして真っ赤な渦巻き模様。たくさんの要素が詰まっている、宝箱みたいなラベル。「英字が入る」のも、ご当地パッケージの特徴のひとつ（うずまき酢,145円）。

きな粉 鳥取

テカテカにコーティングしていない、しっとりとした触り心地。折り目のつきにくい固めの紙。きな粉にしては小さな袋、しかも細長いのが珍しい。手から伝わる情報にホレこむことも（梶田商店,60円）。

る知名度の高さ。その味が海外に認められたのも早かった **12.ホワイトリカー**（明利酒類,378円）果実酒向けのホワイトリカーが、どこのスーパーでも多く見られた茨城県は、果物が豊富に収穫できる肥沃な土地。余らせるなんてもったいない、お酒にしてしまいましょう **13.梅酒**（岡部合名会社,1000円）栓を開けたとたんに梅の香りがふんわりと香り立つ、甘く濃厚な梅酒 **14.籬菊**（ヨネビシ醤油,998円）本醸造再仕込み醤油。私が使ってみた関東圏の醤油ではピカイチ。シンプルに使ったほうが真価を発揮しそう。焼いた餅に数滴たらして食べたりするのが最高、ラベルのデザインにも重みを感じる

ネルドリップ・アイスコーヒーはあえて「EE」をはみ出させた大胆なデザイン。
a

茨城のおすすめスーパー

かわねや（菅谷店）
茨城産の製品が多く、スタッフも親切。満足度の高い小規模展開スーパー。

008 茨城 Ibaraki

1.酪農牛乳（いばらく乳業,168円）つい手を伸ばしてしまう、存在感ある迫力のパッケージ 2.ネルドリップ・アイスコーヒー（サザコーヒー ,500円）茨城ではよく知られている珈琲店。余計なものが何もない、商品名だけでこれだけ目立つ。適度な苦みとコクのしっかりした味で、まさにアイスで飲むべきコーヒー(a) 3.月の涙（岡部合名会社,1300円）ドライな味わいの本格芋焼酎 4.紫峰の滴（柴沼醤油醸造,398円）明治・大正時代の木桶で熟成したもろみから搾られた濃い口醤油。刺身にぴったり 5.6.手緒里うどん、そば（ヤマダイ,うどん138円、そば148円）そばもうどんも、先っちょがクイッと折れ曲がりUターンしているのが特徴。正当派ご家庭麺 7.凍こんにゃく（中嶋商店,1050円）日本でただ 1 軒残る凍（しみ）こんにゃくの生産者による貴重な逸品。気泡を含んだ弾力のあるこんにゃくは、他に例えるものがない歯応え。野外に干して水を含ませ、夜間に氷らせるという行程が何度も繰り返される。完成までにとても手間のかかる食品ゆえ、このお値段も納得。私ももちろん知らなかったが、県内でも北のエリアの人にはおそらくまったくなじみのない食材とのこと 8.きなこ（中嶋商店,268円）これまた売り場でよく目立つ、昔ながらのパッケージ。芳醇な香りと、濃厚な大豆の風味。きな粉好きな私の、マイベストきな粉。日本にきな粉があってよかった 9.餅とり粉（幸田商店,198円）つきたてのお餅を丸めるときなどに使う粉。コーンスターチなので、片栗粉のように使ったり、菓子作りのときにも使える。それにしても額に入れて飾りたいくらい立派で美しいパッケージ、いつまでも変わらずにいてもらいたいものです 10.揚げ吹雪（根本製菓,258円）見た目から想像していた味よりも断然おいしい、醤油のおかきに砂糖をコーティングしたお菓子。甘塩っぱい味付けが好きならトリコになりそう 11.常陸野ホワイトエール（木内酒造,388円）今や地ビールの代表とも言え

は甘めの醤油風味でかなりまろやか 15.かんぴょう（小池商店,198円）日本全国のスーパーで、かんぴょうといえば栃木産 16.宮こうじ（青源味噌,525円）糀たっぷりの甘い味噌。黄色い鮒は栃木宇都宮の郷土玩具 17.しぼりたて東力士（島崎酒造,283円）さっぱりとしたフレッシュな飲み心地 18.たくあんの素（蕪木商店,368円）どうしても欲しくなる暖かな書体のパッケージ。四斗樽用ということで大根なら中細が100本くらい。業務用の趣ではないので、今もご家庭でこの量を漬けている人は少なくないと見た 19.切漬大根の素（蕪木商店,248円）こちらは切漬大根の素。「切漬大根」というのはなじみがなかったが、大きめに切った大根と果実の皮を一緒に漬け込むさっぱりとした漬物 20.七味辛し（日新製菓,298円）見た目も辛そうだが食べても辛い！ しかしついついあとを引く

栃木のおすすめスーパー

フードオアシスオータニ（宇都宮駅東店）

黒を基調にしたインテリア。壁にはモノクロの素材写真に、BGMはジャズ。

かましん（カルナ駅東店）

規模が大きくゆったり、買物しやすい。老若バランスよい客層。宇都宮駅徒歩圏。

009 栃木 Tochigi

a

1.東力士（島崎酒造,735円）東力士は地元の愛され酒。クセがないからどんどん飲める。実はキャップ上に愛らしいイラストが（a） 2.関東・栃木 レモン（栃木乳業,86円）酸っぱいかと思って飲むとびっくり。レモンフレーバーが香る甘い乳飲料 3.関東・栃木 イチゴ（栃木乳業,86円）イチゴの香りが懐しい、いつかどこかで飲んだ味 4.関東・栃木 コーヒー（栃木乳業,86円）私が出会ったコーヒー乳飲料の中では色が濃いが、苦みはまったくなくとことんマイルド 5.姫うどん（弁天食品,138円）ツヤのある細めのうどん 6.惣誉（惣誉酒造,1260円）栃木の米、山田錦を使った純米酒。ワインボトルのようにキュートなビン。醤油味の利いた日本料理に合わせたくなる 7.栃木3.5牛乳（栃木乳業,110円）何度も書いてしまうが、ビンの牛乳はひと味違う。ほんのり感じる甘さがある 8.しそ南ばん（戸辺食品工業,328円）噂通りのおいしさ。シソの葉とキュウリにちょっとだけ唐辛子。これがお弁当の片隅に入っていたらすごく嬉しい。葉唐辛子で有名な戸辺食品のお漬物 9.島田うどん（弁天食品,148円）スリムなうどん 10.島田きしめん（弁天食品,148円）こちらも私が見てきたきしめんの中では幅がちょっと狭い。どちらも茹でたてはコシがあってイケる 11.永島ヨーグルト（永島牛乳店,63円）かなりコクのあるヨーグルト 12.赤漬の素（蕪木商店,491円）ルックスに惹かれて勢いで入手。紅ショウガ、梅干し、赤漬け大根など赤い色の漬物に使用するもの。栃木は自宅で漬物を漬ける家庭が多く、全国平均からすると塩分過多だったらしく、一時は県を挙げて減塩運動を啓発していたそう 13.マルシチ醤油（高橋弥次右衛門商店,188円）一般的なご家庭醤油 14.城壁（ひざつき製菓,198円）表面に大胆なヒビが入りまるで城壁を思わせる煎餅。しかしお味

高いうどん 10.だんごの粉（群馬製粉,358円）私が見た全国の団子の粉のパッケージの中で、最もおいしそうな文字と言えばこれ。角が丸く、団子のイメージそのもの。裏面には電子レンジでの団子の作り方の解説がありとても便利。その他本格的な菓子のレシピは群馬製粉のサイトにあり 11.やき麸（好田製麸店,210円）真ん中に穴の空いた「ちくわ麸」。外と中に一気に水分がしみ渡るので調理が早い 12.上州地粉お切り込みうどん（赤城食品,248円）ひもかわうどん同様、幅広の麺に斜めの筋あり。群馬の小麦を群馬のメーカーが加工。水も群馬のものだそう 13.ほうじ茶（フレッセイ,315円）しっかりとした味と色が出るほうじ茶。金色パックが売り場でよく目立つ

群馬のおすすめスーパー

クラシード（若宮店）
群馬で歴史あるスーパー「フレッセイ」のニューライン。ちょっとおしゃれ。

010 群馬 Gunma

1.上州ひもかわ（星野物産,98円）スーパーで群馬産をみつけたいなら、パッケージに「上州〜」と書かれたものを迷わず手に取るべし。平たい麺の表面に、斜めに筋が入っているので麺つゆと絡みやすく、独特な歯応えを感じる 2.上州赤城うどん（赤城食品,98円）こちらは細めのうどん。冷やすことでいっそうのコシが出ておいしくなるのは、私が食べた群馬のうどんに共通した特徴 3.榛名牛乳（榛名酪農業協同組合連合会,68円）ちょっとわかりにくいけど、底面が正方形の珍しいフォルム。1リットルパックがそのまま縮小された感じで愛らしい。もちろんお味もgood 4.赤城山（近藤酒造,205円）白い桜が目印のカップ酒、キレよくさわやか。ぜひ冷えた状態で。後味がほんのり甘い 5.酪農牛乳（beisiaオリジナル,148円）群馬を中心に近県で本当によく見かける、群馬発祥のスーパーマーケットbeisia。グリーンがさわやかなオリジナルの牛乳には、牛の足跡が小さくペタペタ付いている（a）。こういう細かい部分のデザインに工夫があると嬉しくなる 6.うま香つゆの素（森産業,448円）甘味と塩味のバランスに文句の付けようなし。群馬で量産されたうどんに合わせた、とっておきのつゆの素 7.正田醤油（正田醤油,158円）群馬のどのスーパーにも置いてある地元老舗メーカーのご家庭醤油。創業1873年 8.桂川（柳澤酒造,1732円）青い富士山に黄色い空、大きな日の出と桜に小川。ニッポンの華やかなモチーフがひとつのラベルに集結した本醸造清酒。糖類無添加ながらも、自然な甘味が強く飲みやすい 9.上州手振りうどん（星野物産,258円）「手早く出来る本場の風味」とあるのはそのとおり、本当に早く茹で上がるし、冷やすと格別なコシが出ておいしい。5人前入っている、コストパフォーマンスの

a

6　7　8　9　10　11

a

じん切りが入っている。味が非常に濃厚で「少しずつ食べるからものすごく長持ちする」という証言も。日本酒のいい肴になりそうだが、私は白いご飯にちょっぴり乗せていただくのが一番 **10.源作印**（秩父ワイン,赤,1150円）たいていのスーパーに置いてあり、お値段もリーズナブルなため普段飲み用に買う県民は少なくないそう。さわやかな酸味が印象的で、一度飲んでみれば愛される理由がわかる **11.松田のマヨネーズ**（ななくさの郷,479円）全国区にファンを持つ自然派マヨネーズ。砂糖ではなく蜂蜜を使うなど、原料にはとことんこだわっている。とってもまろやかで、マヨネーズの酸味が苦手という人もこれならきっとおいしく食べられる。ホールのコーンにかけて塩を振れば、たまらぬウマさ

埼玉のおすすめスーパー

ヤオコー（小川SC）
創業明治23年。埼玉産品多し。小川町駅すぐ。賑わう店内フリースペース。

与野フード（彩鮮館与野店）
地元野菜のコーナーあり。店内BGMはマーチ。全国のものがまんべんなく揃う。

011 埼玉 Saitama

1　2　3　4　5

1.ココナッツサブレ（日清シスコ,118円）日本全国で安定した人気を誇るココナッツサブレは、歯応えよく甘味も絶妙、止まらなくなる危険なオヤツ。他に「メープルサブレ」「バターサブレ」「セサミサブレ」があるが、私が県内で見かけたのはスタンダードなココナッツサブレだけでした 2.高麗郷の丸大豆天然醸造しょうゆ（弓削多醤油,678円）埼玉県産の大豆と小麦を100%使用した濃い口醤油。大正12年からの変わらぬ製法で熟成させた濃厚な味 3.元祖ねぎみそ（片岡食品,389円）埼玉が誇る地野菜、深谷ネギと甘い味噌を贅沢に使ったせんべい。計算すると1枚あたり約80円、しかしそれだけのことはあるていねいな味。「せんべいは昔からやっぱり片岡食品」と豪語する県人あり 4.帝松（松岡醸造,378円）水よし米よしの埼玉、スーパーマーケットを見渡すと県内産のせんべいや日本酒がとても多い。パッケージの潔いデザインに惹かれて買った帝松は、やわらかな口当たりで飲みやすい 5.武蔵鶴（武蔵鶴酒造,378円）帝松と同様小川町の地酒。和紙でも知られる小川町の町の歌には「山の町、酒の町、紙の町」と歌われているとか。帝松同様まろやか。箱に見られる鶴の姿も凛として美しい（a）6.味の母（味の一醸造,391円）酒の風味とみりんの旨味を併せ持つ発酵調味料。どちらかというとみりんに近く、甘い。肉じゃがや里芋煮などに真価を発揮しそう 7.晴雲（晴雲酒造,714円）金色の空に浮かぶ雲と、青いビンがとてもきれいでついカゴに入れてしまった日本酒。これも小川町のもの。左の2本に比べると少々ドライで、より料理に合う 8.吾作割れせん（宮坂米菓,198円）あえて割れたせんべいを集めたお得な袋。もちろんおいしさに遜色なし 9.秩父おなめ（新井武平商店,260円）版画風のパッケージとこの色合いが売り場で異彩を放っていた秩父おなめ。昔から秩父で作られてきた保存食で、大豆と麦の味噌に茄子や生姜のみ

グッドデザイン賞受賞のマーク入り。創業当時は「野田醤油」だったので、今でもついそう呼んでしまう年配の方もいるそう **10.しぼりたて生醤油**（キッコーマン,198円）押すと1滴ずつ出て、緩めると止まるソフトなボトルでかけ過ぎを回避。できたてのフレッシュな風味 **11.柏火山焼 青のり**（やまと米菓,378円）パリッと軽く砕ける、歯応えのよい柏市のおせんべい。ほんのり海苔風味。36年間試作を重ねた末の完成形とのこと **12.柏火山焼 しょうゆ**（やまと米菓,378円）同じく醤油味。ちなみに千葉の柏に火山はありません **13.農家の飲み茶**（京北スーパーオリジナル,1050円）また出た、そそる商品名。農家の人が飲むお茶ならおいしいに違いないというイメージ。安定感のあるスタンダードな味

千葉のおすすめスーパー

京北スーパー（柏店）

柏を中心に数店舗展開。品揃えに定評あり。オリジナル商品は落ち着いた色調。

ワイズマート（浦安本店）

浦安駅すぐ。適度な高級感を感じる、居心地のいいスーパー。

012 千葉 Chiba

1.豆乳飲料（キッコーマン飲料,各79円）紅茶、ココア、いちご、抹茶、フルーツミックス、バナナ。昔から豆乳は大好き。最近は次々と様々な味が登場して楽しい。この中で最も豆乳の風味が生かされて相性がいいと思えるのはココアとバナナだろうか。写っていないがスタンダードな調製豆乳も、もちろんあり 2.手焼き落花生せんべい（銘菓堂,348円）千葉名産といえばピーナツ。東北で紹介した南部せんべいのようにあっさりしたベースのせんべいに、砕いたピーナツがいっぱい 3.オイルサーディン（千葉産直サービス,378円）いわしの油漬け。ほんのりとハーブ（ローリエ）の香り 4.ちょうしたのかばやき さんま（田原缶詰,100円）これほど日本人の胃にストレートに語りかけてくる缶が他にあるだろうか？ おかずにも、酒の肴にも 5.さんま蒲焼き（千葉産直サービス,399円）ひと口食べてすぐ炭火焼の風味に気付く、ちょっと格上の蒲焼き缶詰。身もやわらかく、ほろほろと崩れる。調味料には埼玉のページで紹介した「味の母」が使われているそう 6.初摘み海苔の佃煮（京北スーパーオリジナル,438円）甘味が利いている佃煮。海苔の香りも芳潤でおいしい。京北スーパーオリジナルシリーズの特徴は、その商品名。ちょっと長めのものも多いけど、とっても気になるし、そそるものばかり 7.さんま水煮（高木商店,450円）秋刀魚は純然たる千葉産、会社は茨城。どちらにするべきか迷って、この商品名のインパクトから千葉のものに振り分けた。秋刀魚３匹分のボリューム。スライスしたタマネギ、鰹節、マヨネーズに醤油をたら〜りすれば立派なおかずに 8.手延そうめん（京北スーパーオリジナル,350円）２分で茹で上がり、水にさらしてすぐ食べられる機動性が素晴らしい 9.特選丸大豆醤油（キッコーマン,268円）関東圏で醤油といえばキッコーマン。今後何も足すことも引くこともないであろうこの形は、紛れもなく日本の醤油差しの完成形。

材料の種類が多く、深みのある味 **14.赤玉スイートワイン**（サントリー ,498円）「ワイン」より「葡萄酒」という呼び方が似合う、ちょっと甘いワイン。生誕100年超えとは！ **15.テーブルコショー**（エスビー食品,378円）よく見ると持ちやすい形状、使いやすいフタ。計算されている **16.栄養スープの素**（萬有栄養,347円）お湯に溶かせばすぐにコンソメスープが **17.特製エスビーカレー**（エスビー食品,504円）ロゴの後ろにうっすらと東京の象徴、国会議事堂が見える **18.炒飯の素**（あみ印食品工業,144円）ご飯が余ったときに必ずや活躍する、私の実家の定番 **19.錦糸たまご**（キューピー ,105円）ちょっとプラスするだけで、いつものおかずが本格的に **20.黒ごましお／からし**（エスビー食品,黒ごましお99円／からし126円）詰め替え用のスパイス、このままでも十分美しい **21.ノザキのコンビーフ**（川商フーズ,235円）キッチンにストックする東京のご家庭は多い。このまま酒の肴にするお父さんも。変わらぬデザインと味にほっとする

＊1は2012年のパッケージです

東京のおすすめスーパー

成城石井
（東京ドームラクーア店）

今最も勢いのある東京発祥スーパー。オリジナル商品の味にハズレなし！

013 東京 Tokyo

1.すり鉢仕立て風 すりごま白（かどや製油,189円）冷蔵庫の中で場所をとらない形状、清潔感あるデザイン **2.ミナト商会 特製 カルボナーラ**（ミナト商会,378円）麻布十番シリーズのひとつ。シンプルなパッケージと、レトルトっぽくないコクに1票。箱裏のランチョンマットにお皿のイラスト、よく見るとこれバーコード（a）**3.ミナト商会 特製 ナポリタン**（ミナト商会,378円）上に同じ。ちょっと甘めのナポリタン **4.カップ印 三温糖**（日新製糖,138円）平べったいカップのマークがつくづく愛らしい **5.もち米**（水島米穀,498円）黒と赤の2色使いが素朴で魅力的。うさぎの表情も真剣で好感度高し **6.リカルデント ガム**（日本クラフトフーズ,158円）2011年にリニューアル、衝撃の美しさ。女性に持ち歩いてもらえるようコスメのパッケージを意識したとのこと **7.リカルデント ガム ボトルタイプ**（日本クラフトフーズ,680円）同じくボトルタイプ。仕事机に転がっていても散らかり感がないのがスゴい **8.ミルクキャラメル**（森永製菓,395円）森永の工場は東京の小中学生の見学コース。2011年の震災以降に作られた保存缶バージョン **9.成城石井 ストロベリージャム**（成城石井,650円）素材の味が生かされている、いちごも喜ぶ絶品ジャム。ラベルがフタだけにという潔さ。そのぶん、ごろごろの中身がよく見えて食欲をそそる **10.成城石井 牛乳**（成城石井,155円）光を反射するブルーシルバーが高級感と存在感をアピール **11.フロム・ザ・バレル**（アサヒビール,1980円）正四角柱の安定感あるボトル、ラベルの文字も必要最低限。かえって気になる **12.青のり**（カメセ水産,404円）フタを開けるとその空間がお好み焼き屋になるほどの香り高さ **13.日本橋漬**（国分,291円）缶入りの福神漬け。一般的な福神漬けより

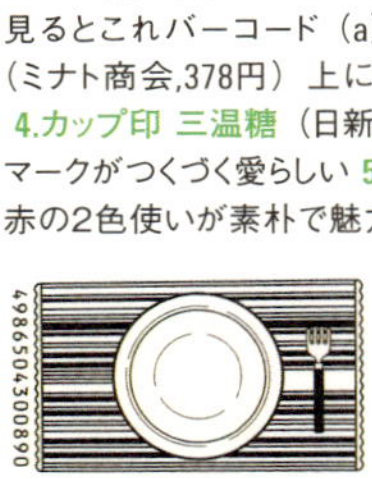

a

ジナル,各598円）モカは適度な酸味でスッキリした味わい。オリジナルはバランスのとれたしっかりした味 **14.むぎ茶**（日本精麦,100円）むぎ茶といえば冷やして夏に飲むイメージだけど、冬にホットでいただくのも、香りを楽しめてまたイケる **15.味ベース**（源豊行,788円）中華街の老舗、源豊行の中華だし。ビーフ風味が利いているので、中華だけではなく洋風にも合う **16.中華街珍味 乾燥むきえび**（萬福臨,462円）日本最大の中華街が存在する横浜。スーパーには中華街の食材が当たり前のように数多く並ぶ。本格中華な炒飯にはこの干しえびを使えば好吃！（おいしい） **17.中華街珍味 赤なつめ**（萬福臨,273円）同じく中華素材、長時間かけて肉と野菜を煮込むような滋味のあるスープに。見た目も華やか

神奈川のおすすめスーパー

ユニオン（元町店）

海外のような雰囲気。オリジナルバッグが人気。元町店の奥にギャラリーあり。

やまかストア（鎌倉店）

地元に愛されている小型店。神奈川産のものを比較的みつけやすい。鎌倉駅徒歩圏。

014 神奈川 Kanagawa

1.低脂肪乳（高梨乳業,148円）低脂肪乳を買う習慣はないけれど、愛らしいパッケージについ所有欲を刺激され…… 2.Apple 100%（近藤乳業,99円）酸味抑えめの甘いアップルジュース。他にオレンジ、グレープなどあり 3.湘南育ちのヨーグルト（近藤乳業,3コ88円）脂肪分ゼロのヘルシーなヨーグルト。味さわやか 4.イチゴジャム（Unionオリジナル,660円）ちょっと昔懐かしい、甘さたっぷりのいちごジャム。バターを多めに塗った食パンに合う 5.純粋はちみつ（Unionオリジナル,990円）片手で注げる便利なボトル。トロっとやわらか、クセのない蜂蜜 6.リーフティー プレミアムダージリンブロークン紅茶／プレミアムイングリッシュブレックファースト紅茶（Unionオリジナル,各638円）香りの良いダージリン、比較的早く飲めるイングリッシュブレックファースト、それぞれに魅力あり。ステッカーだけのとことんシンプルなパッケージも好感度大 7.そばつゆ（富士食品工業,118円）カツオだしの効いた顆粒状のそばつゆ。そばだけではなく色々な料理に 8.ピスタチオ（Unionオリジナル、358円）濃厚なミルクのような風味、食べ始めると止まらなくなる危ないナッツ 9.セサミアーモンド（Unionオリジナル,258円）こちらもあとを引き続ける無敵のゴマ風味クラッカー。Unionのオリジナル商品は一見バラバラなデザインなのだが、大胆な色使い、文字の書体などから全体を通して共通する「アメリカ感」が醸し出されている 10.江ノ島ビール（鎌倉ビール醸造,515円）こちらはすっきりとした喉ごし 11.葉山ビール（鎌倉ビール醸造,515円）芳醇な味わいの神奈川地ビール 12.岩井の胡麻油 黄白／濃口（岩井の胡麻油,各378円）ゴマ油は絶対に岩井のものしか使わない、という友人が神奈川にいる。たしかに香りは格別で、ボトルのデザインも心躍るものがある。雑には扱えない品のある佇まい 13.コーヒー モカブレンド／オリジナルブレンド（Unionオリ

これぞニッポン。スーパーでみつけた日用雑貨

1

2

昔ながらの息の長いデザイン、
あっけらかんとした自由なデザインにぐっときた！
愛すべき日本のスーパー雑貨、選んでみました。

1　よもぎせっけん［熊本］　地の塩社
余計なものを使わない石けん、ということが一目瞭然のデザイン。

2　ピカール金属みがき［東京］　日本磨料工業
昔ながらの金属研磨剤。ピカーーーッと光る太陽の光。

3　徳用 富士のり［大阪］　おとめ糊
細く高い富士山が目印。長さ約20cm。洗濯だけでなく工作にも。

4　ローズ石鹸［東京］　ミツワ石鹸
エレガントなバラの香り。箱の乙女は1950年頃のリバイバル。

5　いろは印マッチ［兵庫］　白東隣寸製造所
地球がシンボル。とてつもなくグローバルな感じがするマッチ。

6　ナス歯みがき［大阪］　エステート不動
ナスの黒焼き配合の歯みがき。しょっぱいがスッキリする。

7　パックスナチュロン 洗濯石けん［神奈川］　太陽油脂
環境にやさしい洗濯石けん。置きっ放しでも所帯じみない！

8　パイロンテープ［大阪］　共和
ポップで弾むロゴデザイン。子供の頃から変わらない。

3

4

7

5

6

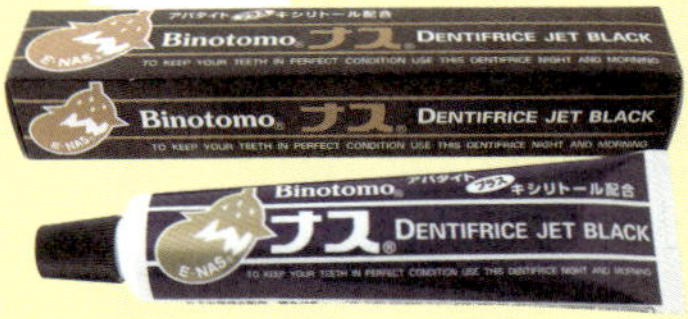

15

13

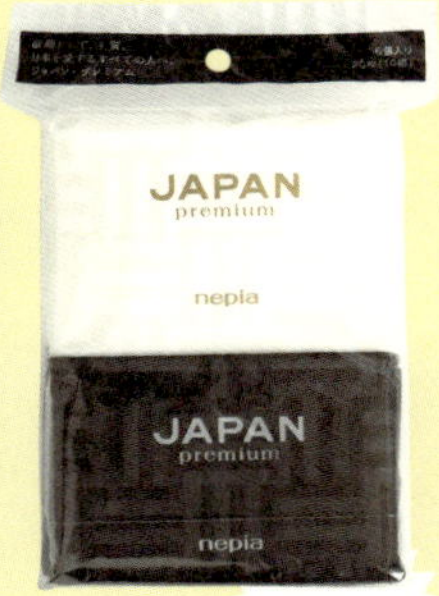

16

17

14

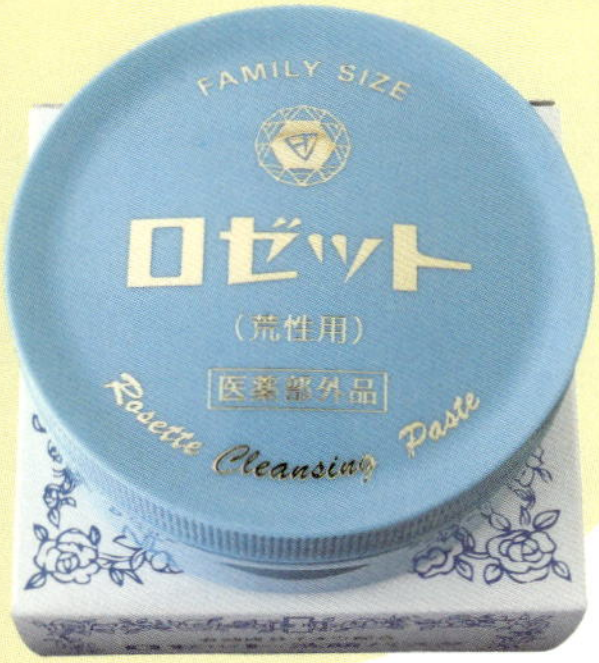

12

11

9 人形印マッチ［兵庫］　第一隣寸工業
昭和の香りがするダンディーなマッチ。マッチ工場は兵庫に多い。

10 亀の子束子［東京］　亀の子束子西尾商店
明治40年から約100年、変わらない素材と姿に安心感あり。

11 あんず油［東京］　柳家本店
さわやかな香りのヘアオイル。あんずの絵がぽってりとして愛らしい。

12 ロゼット洗顔パスタ［東京］　ロゼット
洗顔料の老舗。金で箔押しされたケースが素敵。捨てられない。

13 ケイコー糊［福岡］　ダイアックス
洗濯ノリ。情報量が多い洗濯関係のパッケージの中でよく目立つ。

14 ウタマロ［大阪］　東邦
西日本をカバーしていた洗濯石けん。ターコイズブルーが美しい。

15 999マッチ［岡山］　中外マッチ社
商品名が数字だと覚えやすいし、無条件で目に飛び込んでくる。

16 ジャパン・プレミアム［東京］　王子ネピア
ネピアが誇る、頂上を極めたティッシュペーパー。和モダン。

17 竹塗箸［沖縄］　ウイングインターナショナル
沖縄の飲食店でよく見る、赤黄箸。細身なので挟みやすい。

10

9

8

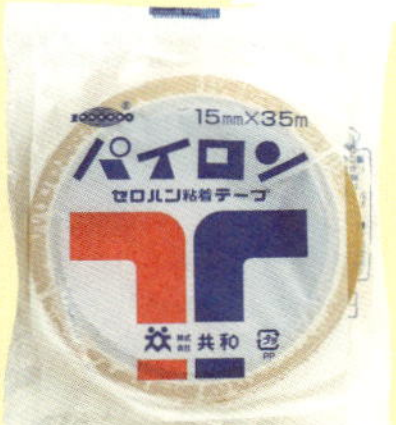

円）産地の出雲崎は、江戸時代の文化人、良寛ゆかりの地。清く正しいイメージの牛乳 17.むぎ茶（いろは商店,100円）袋を開ければ焙煎したてのように香り立つ 18.新潟納豆（高橋商店,58円）しっとりとジューシー 19.網代焼（新野屋,198円）海老の粉が入ったせんべいは、他にはない味わい。明治36年、日本初の機械作りの米菓だった 20.自然芋そば（自然芋そば,188円）小麦粉、そば粉に、山芋と海藻が入ったそば 21.笹だんごの素（マルコ食品,198円）笹団子は新潟の手作り銘菓。もち米とヨモギにこの粉を混ぜ、餡をくるんで笹で巻く。時期になると親戚からどっさり届いて冬を知った 22.こうせん（いろは商店,118円）大麦を煎った粉。母の子供の頃は近所に売りに来ていた。当時はちょっと贅沢なオヤツ。他の地域では「麦こがし」「はったい粉」とも

a

¥40

015 新潟 Niigata

1.雪国あられ（雪国あられ,198円）煎った大豆が入っているのが特徴。せんべいと豆でポリポリが止まらない。新潟出身の母曰く、子供の頃にせんべいと言ったらこれか柿の種だったそう 2.八海山（八海醸造,400円）全国津々浦々に行き渡っている新潟の酒。米がいいから当然ながら酒もウマい 3.ふなぐち 菊水 一番しぼり（菊水酒造,460円）ご家庭酒の菊水、一番しぼりはよりフレッシュ 4.棒ほうじ茶（和多伝,290円）茎（棒）が立派なほうじ茶 5.元祖 柿の種（浪花屋製菓,880円）柿の種がワゴンを独占して山盛りなのは、新潟のスーパーでは当たり前の光景。浪花屋の柿の種はピーナツなしで、辛さも控えめで品がある。缶の中にはテーマソングの楽譜が(a) 6.上善如水［じょうぜんみずのごとし］（白瀧酒造,298円）私はよく飲む上善だけど、缶があるとは知らなかった。味そのままにシンプルで美しい佇まい 7.新発田麩（宮村製麩所,348円）小さなドーム状の麩で、半分か4分の1に切って使う。水で戻さずそのまま使う 8.生姜つまみ（船岡製菓,198円）親戚の家で食べた記憶が甦る。捻った薄いせんべいに、砂糖と生姜をたっぷりまぶしたちょっと大人な味 9.うぐいすきな粉（いろは商店,118円）実家で餅やちまきに付けていたのは、紛れもなくこの緑色のきな粉 10.きな粉（いろは商店,78円）大豆の風味が濃厚 11.越後味噌（渋谷商店,554円）白くて粕が入った甘い味噌。母がよくキュウリに付けて食べていたが、今もずっと取り寄せているとのこと。 12.車麩（マルヨネ,598円）車麩は新潟の家庭でよく使われている食材のひとつ。ヒモに通して台所に吊っているお宅も 13.かんずり（かんずり,472円）唐辛子と柚子のさわやかな辛さの調味料。父が何にでも付けていたので、常に冷蔵庫にあった 14.山ノ下なっとう（山ノ下納豆製造所,3コ98円）粒がつるっと固めで歯応えあり 15.16.良寛牛乳（出雲崎酪農組合,大228円,小68

り飲める 15.おちらし（今川雑穀店,158円）大麦の粉を焙煎したもの。日本のあちこちのおちらしを買ってみたけど、「野に、山に、海に、ハイキングのお供に」と書いてあるのはこれだけ。その昔、ここ一番の力が必要なときに食されていたものなので、それも十分にうなずける 16.米こうじみそ（ツルヤ味噌,168円）糀の甘味がまろやか。パッケージに「越中」とあればそれは富山産 17.三日餅粉（今川雑穀店,398円）モダンと古典の狭間にある愛らしいパッケージ。このバランスが難しい！18.うるめにぼし（蔵川商店,498円）「美味爆発」のうたい文句についカゴに入れてしまった（b）。実はこのままかじってもイケる

a

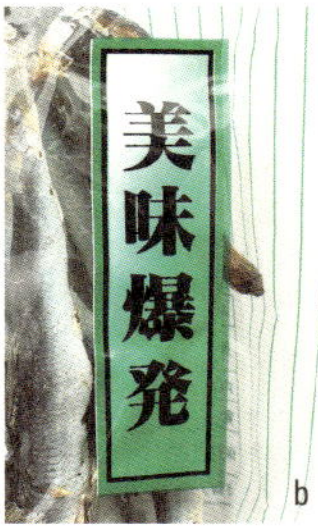

b

016 富山 Toyama

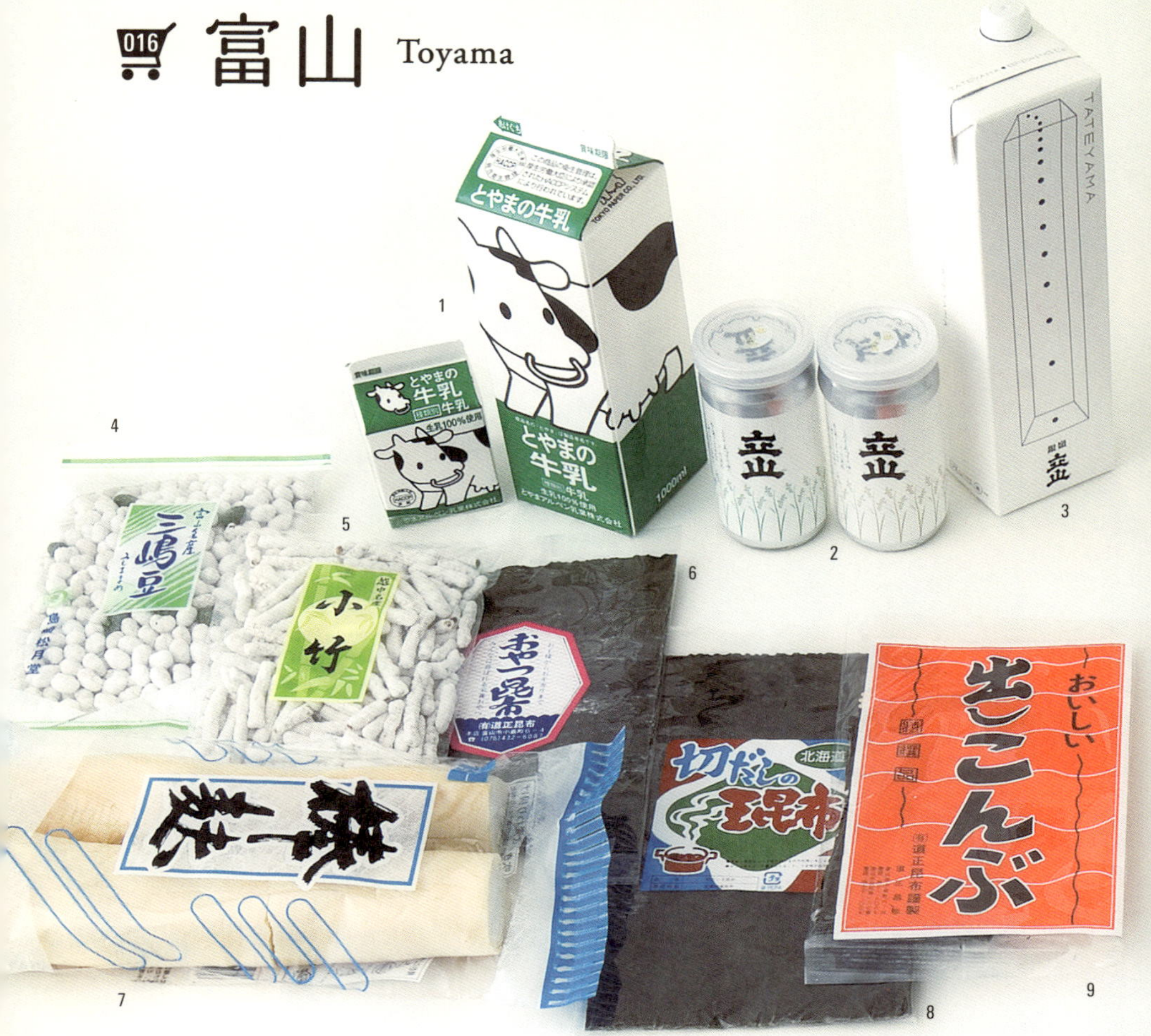

1.とやまの牛乳（とやまアルペン乳業,大218円,小68円）乳製品が豊富な富山のスーパー。遠くからでもみつけやすいとやまの牛乳 **2.立山 ワンカップ**（立山酒造,緑220円,金248円）立山のデザインセンスは富山の宝。麦が緑色のほうが清酒、金のほうが特別本醸造清酒。軽く甘く飲みやすい **3.銀嶺立山 本醸造**（立山酒造,1450円）情報量を極限まで抑えたストイックな姿が美しく、売り場でもよく目立つ。ほんのり甘くてぐいぐい飲める **4.三嶋豆**（島崎松月堂,208円）大豆に砂糖をまぶしたお菓子。時々、青のりの豆が混じる。地元では初詣の神社でおみくじなどを買ったとき、お年玉袋に入れた三嶋豆をもらえるのだとか **5.小竹**（島崎松月堂,155円）砂糖と生姜がまぶされた棒状の小麦菓子。濃いめの緑茶に合いそう **6.おやつ昆布**（道正昆布,198円）昆布の消費量が常に全国上位の富山県。だし用の他に、食用も多い。私も小学生くらいまではオヤツにこんな昆布をよくかじったものだ **7.棒麩**（スギタニ,138円）水に浸して軽く搾り、輪切りにして調理する。調理例の筆頭には「おでん」。どの麩も、汁でひたひたになる料理がおいしい **8.切だしの王昆布**（道正昆布,298円）幅の広いだし昆布 **9.出しこんぶ**（道正昆布,198円）こちらもだし用の昆布。富山の昆布は幅広のものが多い **10.梅酒**（立山酒造,950円）立山酒造のライトな梅酒。割らずにこのまま飲みたい **11.なかろく醤油** 甘口（中六醸造元,338円）私好みのかなりの甘口。ラベルのモチーフは海辺に建つ工場。薄いブルーと落ち着いた緑のカラーリングが平安時代の巻物のよう **12.ごまみそあえ**（ツルヤ味噌,228円）黒ゴマの滋味溢れる甘めの味噌 **13.吹雪たら**（石橋水産食品,128円）適度な弾力、しっとりとした割き鱈。マヨネーズと一味でいただきたい。富山の祭り「おわら風の盆」で踊る女性が目印 (a) **14.ほうじ茶**（翠香園,288円）枕みたいに大きな袋のほうじ茶。思いっき

名前もデザインも愛らしくて感激。2倍に希釈して使う合成酢 15.めんつゆ（直源醤油,261円）8の直源醤油からのめんつゆ。鰹のだしが利いている 16.加賀車麸（宮田麸製造,228円）金沢でいただくおでんに入っていることが多い車麸 17.たらの子（シンヤ,226円）初めて食べる焼きたらこの缶詰。大きな輪切りがドン！ と1コ入っていたのが意外。甘しょっぱい。お弁当のおかず向き 18.うすくちしょうゆ（石川醤油,336円）どんな料理でもおまかせ 19.いしる（ヤマサ商事,418円）能登の特産。イカに塩を加え18ヶ月間発酵熟成させた調味料。秋田のしょっつるにちょっと似ている。煮物の隠し味に 20.吸坂飴（谷口製飴所,348円）米と大麦が原料の素朴な飴 21.寿し昆布（比賀商店,398円）周りの石川人に聞き込みすると、実家で自家製の押し寿司を作っている確率はかなり高い 22.ごまみそ（ヤマト醤油味噌,428円）黒ゴマ香る甘い味噌

石川のおすすめスーパー

カジマート（めいてつエムザ店）

近江町市場向い、エムザ地下。小規模ながら、かゆいところに手が届く品揃え。

ダイヤモンド

近江町市場内にある味わい深い店。1階が生鮮やデリ、2階には世界の食材が。

017 石川 Ishikawa

1.すはま（タチ製菓所,210円）初めて食べてみたすはま。思っていたよりストレートなきな粉味でおいしい。そしてすはまと聞いて目を細め懐かしがる石川人は多い 2.厳選素材ドレッシング 加賀野菜 金時草（直源醤油,630円）きれいなピンクは赤紫の加賀野菜、金時草によるもの。酸味がさわやかなフレンチドレッシング 3.頭昆布（鍛治商店,398円）だし取り、煮物や筑前煮のための根昆布 4.紺のり（カナカン,398円）押し寿司用の海苔、初めて見る繊細な色。正確に伝えるのは難しいけど、黒にほんの少しの青と緑を加えた感じ 5.醤油飴（直源醤油,198円）かすかに醤油の香り 6.とり野菜 みそぽん酢（徳島産業,368円）右のとり野菜みそのまつやと、徳島の徳島産業が共同開発したぽん酢。柚子の香りが素晴らしい 7.とり野菜みそ（まつや,208円）初代当主が船上食として開発した鍋料理用の調味味噌。石川県や近県での人気は不動。そして全国に広がりつつある。とり野菜の「とり」は「鶏」ではなく、野菜を「とる」ための「とり」だとか。肉や野菜をたっぷり入れていただけば石川の味 8.丸大豆醤油・もろみの雫（直源醤油,557円）2のドレッシングも、5の飴も同じ販売元。「あの、金沢の、細長くておいしい醤油」と言えばこれ。今は全国で入手可能 9.ハードビスケット（北陸製菓,158円）甘さ控えめで歯応え抜群のビスケット。シンプルでも華やかなパッケージ 10.FUKUCUP200（福光屋,各245円）石川のお手軽ワンカップ。コンビニでも売っている。銀のほうが特別純米 11.ゆせん玉子（ゆせん玉子本舗,298円）加賀市山代温泉の温泉玉子。小ぶりで味が濃い 12.まるいちみそ（一川商店,177円）香り良いご家庭味噌 13.羽二重豆腐（羽二重豆腐,148円）大きく膨れる凍り豆腐。袋裏に、含め煮の簡単なレシピあり 14.うずまき酢の素（うずまき酢,145円）初めて金沢を訪れたときに最も大切に持ち帰ったお土産。

018 福井 Fukui

のになりつつある 13.豆入り上番茶（大三茶舗,1580円）なぜ福井のお茶が豆入りになったのかというと、湿度が高くお茶の味が変わりやすいので、安定した香ばしさを保つため豆を入れるようになったそう→袋裏情報。たしかに開ける前から豆の香りがスゴい 14.黒砂糖（生水砂糖,298円）ごろっと固まっている黒砂糖 15. 黒砂糖（生水砂糖,288円）こちらはサラサラの黒砂糖。福井に黒砂糖が多いのはなぜかと思ったら水羊羹を作るためで、作る人が集中する時期には品薄になることもあるそう 16.おちらし（福穀食糧,138円）大麦の粉を焙煎したもの。食物繊維の豊富な昔ながらの軽食。大豆が原料のきな粉よりもちょっと野性味ある味 17.久保田の水ようかん（久保田製菓,320円）12同様、箱入り水羊羹。福井にはこのような水羊羹メーカーが無数にあり、全部を把握するのは難しいとのこと

福井のおすすめスーパー

ハニー（食市場北の庄）
入口は大きくはないが奥行きがある。福井県産も多くみつかる庶民派スーパー。

1.豆入り上番茶（大三茶舗, 378円）福井のお茶は豆（炒った大豆）入りがスタンダード。家にオヤツがないときに、この豆をポリポリかじった思い出があるという人も **2.青ねじ**（朝倉製菓,228円）青ねじも右のすはまも、きな粉が原料のやわらかい菓子。違いは、すはまがはったい粉、青ねじが米粉を使っていることで、味にそれほど差はないように思える。地元では青ねじのほうが有名な気配 **3.越前 すはま**（朝倉製菓,228円）石川県で初めて食べてから、すっかりすはま好きになるも、関東ではなかなか見かけないので残念 **4.揚げあられ 磯路**（セイカ食品,158円）あおさ海苔の入ったせんべいで、ふんわりと磯の香り。おいしい **5.生おかき**（小形米菓,134円）油で揚げる自家製かき餅。正月の餅の残りで作ったことがあるが、揚げたてはどんな餅が元でもウマい **6.上白糖／三温糖**（生水砂糖,上白糖158円,三温糖168円）三温糖がそれほど高くなて嬉しい **7.やまびこ味噌**（湯本味噌,568円）。粕の風味豊かな味噌。「越前〜」と書いてあれば福井県産 **8.本醸造 花垣**（南部酒造場,205円）右の一本義と合わせて福井でポピュラーな二大ご家庭酒 **9.一本義（左から）金印／本醸造／上撰本醸造**（一本義久保本店,198 ／ 218 ／ 398円）くせがなくスッキリして飲みやすい。この中のおすすめは右の上撰本醸造 **10.川柳**（大三茶舗,418円）煎茶にするには適期が過ぎてしまったお茶の葉で、苦みが少なくさっぱりしているのが特徴 **11.きな粉**（宗近,128円）ほんのり甘く、キメの細かいきな粉。菓子作り人口の多そうな福井では、どのスーパーもきな粉を多く取り揃えている **12.水羊かん**（えがわ,630円）「福井の人は冬、こたつに入って平べったい羊羹をスプーンですくって食べている」と聞いていたが、こんなに大きいものだとは想像していなかった。箱に直に入っているのも衝撃。どのスーパーにもあるというわけではなく、もはやお土産ショップのも

れを選出するのはお目が高い」と地元の人にホメられるも、佇まいからして美味オーラが出ていたのですぐわかる。南アルプス市で70年続く手作りかりんとうの老舗 11. 春鶯囀（萬屋醸造店,225円）しゅんのうてん、と読む清酒。全国のカップ酒の中では屈指のまろやかさ。増穂町には蔵を改装したギャラリー「六斎」を持ち、ファンとの対話を大切にしている 12.都麩（飯島食品,128円）赤白緑の3色使い、ジャスト私好みなパッケージ。この麩も中央にラインが入っており見た目に楽しい 13.ウィットケーキ（飯島食品,128円）麩のことをウィットケーキと称したのは私が見てきた中ではこれだけ。新鮮な印象。そしてやはり中央に渦巻きが。白紙にはしておかない山梨のサービス精神を感じる

山梨のおすすめスーパー

いちやまマート
（イッツモア塩部店）

甲府駅徒歩圏。山梨と言えばいちやま、と、この名を挙げる地元民多し。酒類豊富。

オギノ（朝日店）

整備された商店街にある小型店舗。冬は漬物用に１種類をたくさんまとめた野菜も多く、庶民的。

019 山梨 Yamanashi

1 2 3 4 5 6

1.ザ・甲州 タイプユーロ2010 白（本坊酒造,2000円）さっぱりスッキリ、冷蔵庫に常備したいワイン。そしてココロ踊るラベルのデザイン 2.グリド甲州（中央葡萄酒,1800円）ブドウの風味をしっかり感じる、奥深い白ワイン。ラベルには最辛口とあるけど、印象としてはそこまでではないかな 3.周五郎のヴァン（中央葡萄酒,2650円）作家の山本周五郎が生前愛飲していたのでこの名前に。近所のお店でデザートワインとして供されたのが出会い。一口目で気に入り、コンスタントにお取り寄せを続けていたワインが山梨では普通のスーパーで売っているなんて……！ 赤ワインにブランデーをプラスした、甘く芳醇な味 4.ZENKOUJI KITAHARA SADOYA NOUJOU（サドヤ,1680円）山梨では超メジャー、サドヤ農場のカベルネ・ソーヴィニヨンのロゼ。甘味と酸味のバランスが絶妙な華やかな味わい。色も華やかでテーブルも明るく。一升ビンもあり 5.よっちゃんのす漬いか（よっちゃん食品工業,359円）全国区の駄菓子、よっちゃんの酢イカは山梨生まれ。子供にとっての駄菓子を経て、大人になったら酒のツマミになるという、山梨人を離さない酢イカ 6.ささいち（左から）本醸造生原酒／辛口生原酒（笹一酒造,各300円）スーツで飲んでもサマになる、スタイリッシュな缶酒。キレあり 7.やき麩（赤尾製麩所,120円）県産麩のバリエーションも多く見た山梨県。水分で戻すと真ん中に渦巻きが現れる愛らしい麩 8.麦こがし（川口屋製菓,269円）ここまでの間、他府県に「おちらし」や「はったい粉」として存在してきた焙煎された大麦粉が、食べやすいように固形の菓子となったもの。落雁をもっとカジュアルにした感じ 9.小梅ドレッシング（北杜食品,348円）山梨の特産は甲州小梅。生の梅が底に沈んでいる、これでもかと梅味に溢れたドレッシング 10.たぬきやのかりんとう（たぬきや製菓,298円）黒糖の風味が利いており、甘さ控えめでおいしい。「こ

020 長野 Nagano

菜用の漬物の素 14.あさ漬大根の素（ニチノウ食品,218円）大根を切ってまぶすだけ。甘酸っぱくスッキリとした味 15.寒天（マルゴ商店,228円）全国的に寒天のほとんどが長野産 16.五一ワイン（林農園,557円）あれよあれよとメジャーになった長野のおいしいご当地ワイン 17.七笑（七笑酒造,1530円）どこのスーパーでも出会える大衆的な日本酒 18.オブセ牛乳（オブセ牛乳,208円）小布施町産、目印はきれいな月と星に抱かれる天使 19.Meito牛乳（信州ミルクランド,49円）地元ではとてもポピュラー。全国で手に入ると信じていた長野人は多い 20.塩尻ワイン（アルプス,294円）ピクニックで飲みたい、小さなサイズのお手軽ワイン 21.松田の牛乳（松田乳業,115円）「富より健康」100%同意 22.早漬たまり（信州長野醸造,398円）味噌風味の浅漬けの素。肉や魚にも使える

長野のおすすめスーパー

マツヤ（七瀬店）
創業大正3年（1914年）。長野東北に24店舗。従業員さんがフレンドリー。

1.野沢菜漬の素／たくあん用黄粉（ニチノウ食品,298円／178円）長野の人は、漬物をよく漬け、よく食べる。私も漬物大好き。東京ではなかなか見かけない漬物の素を見るとつい買ってしまう 2.サラバンド（小宮山製菓,248円）近県でもよく見かけた、隠れた銘菓。ウエハースのような薄いせんべいでクリームをサンド。サラバンドというスペインの優雅な踊りのイメージで作られたお菓子 3.鉱泉せんべい（原山製菓,198円）これも近県のスーパーではマストの存在。軽い甘味にパリッとした軽い歯応え（a）4.みすず飴（飯島商店,398円）子供会や近所の寄り合いなどでは全国的に欠かせない、モッチリとした寒天のゼリー菓子 5.モリのあんずジャム（森食品工業,460円）酸味さわやか、素朴な味 6.米の粉（ヤマヨ食品工業,248円）色紅を用いカラフルな餅を作り、細い枝の先に丸めて付けてどんど焼きに持参する……ならば断然この銘柄と聞いた 7.高等番茶（喜多の園,525円）香り、味に独特な深みあり。ワンクラス上の番茶 8.七割そば（山本食品,198円）そば粉70%、しっかりとそばの風味。色も乾麺の中では濃いめ 9.雪んこそば（桝田屋食品,158円）冷やすほどコシが強くなるご家庭そば。雪んこが愛らしい 10.ホームラン印 中力小麦粉（日穀製粉,598円）家庭サイズから逸脱した、大迫力の小麦粉。だが、レジの前に並んでいた普通のおばさまは平然と買っていった 11.しょうゆ豆（マルヰ醤油,208円）大豆の粒がごろごろ、ウエットな味噌のような醤油漬け 12.八幡屋磯五郎の七味唐からし（八幡屋磯五郎,大袋328円／小袋148円／缶328円）今や全国区、長野を代表する七味と言えばこれ 13.つけなの素（とをしや薬局,498円）「信州人の好みに合わせた」旨味の出る野沢

a

持ち出したい。そんな気持ちは蜂蜜に対しても同じ 13.コーヒーピーナツ（稲葉ピーナツ,198円）稲葉は岐阜では知らない人はいないくらいメジャーなブランド。しかも岐阜の喫茶店では、コーヒーに必ずピーナツなどのちょっとしたおつまみが付くらしく、そんなときに供されるのも稲葉のピーナツなんだとか。特にこのコーヒー味はファンが多い 14.きな粉（メイワ,88円）大豆の香りがしっかりと感じられるきな粉 15.らくのう3.6牛乳（東海牛乳,168円）切り絵風の素朴なイラストがよく目立つ。ところで岐阜産の「すごうま3.6牛乳」という、パッケージが全身どピンクの恐ろしく派手な牛乳があるのだが、これまた隣接県では見かけるのに、岐阜内ではとうとう見かけることがなかった。あの佇まいが忘れられない……

岐阜のおすすめスーパー

スーパー三心（うずら店）
比較的大規模で買い物しやすい。岐阜駅からはちょっと離れている。

021

岐阜 Gifu

1.白菜漬の素／たくあん漬の素（コーセーフーズA,各268円）パッケージに惹かれて、岐阜でも買ってしまった漬物の素。白菜は12kg用、たくあんは干し大根30kg分という…… 2.文化麩（敷島産業,128円）特別なものではなく、一般的な麩 3.純りんご酢（内堀醸造,698円）甘さ抑えめ、スッキリさっぱり 4.白菊麩（敷島産業,128円）同じく、ごく一般的なご家庭麩。このたびの日本一周でとっても不思議に思ったのは、岐阜の周りの県では岐阜産の麩がこれでもかと溢れていたのに（しかもかわいらしいものばかり）、肝心な岐阜県ではそれほど売っていなかったこと 5.トマトケチャップ（ふるさと清見,420円）フタを開けるとスパイスの香り漂う、甘く濃厚なケチャップ。ちょっといいお値段なので、地元ではお土産のイメージ 6.平野屋 ビンズ 金時豆／大豆／黒豆（平野屋,258円 ／ 128円／ 268円）北海道産の豆を使用。やはり北海道はどこの県においてもブランド力強し 7.お徳用 むぎ茶（瑞草園,158円）香りのよい麦茶。夏のイメージだけど、好きな人は1年中飲む 8.棒麩（㊇商店,168円）デリケートで色も白く品のある麩。麩については前述の通り 9.飛騨清見ソース（ふるさと清見,390円）香りはスパイシー、お味はマイルド。前述のケチャップ同様、プレゼントやお土産にすることが多いそう 10.レンゲ印 黒みつ（日本蜂蜜,298円）濃厚でまろやか、これはおいしい 11.レンゲ印 ハチミツ 1000gビン／ 500g ／ローヤルゼリー添加（日本蜂蜜,980円／ 698円／ 498円）レンゲ印の蜂蜜はすでに全国区、岐阜でも昔から最もポピュラーでリーズナブルなブランド。このビンを再利用するのも、岐阜のご家庭のお約束。右のローヤルゼリー入りには「おいしいけどレトロ感がなくなって寂しい」と思っている人も 12.レンゲ印 はちみつ ミニパック（日本蜂蜜,6コ440円）静岡のわさび漬けしかり、広島のおたふくソースしかり、好きなものは小分けしてでも

香辛料の香り高いソース。原材料にわさびはナシ **18.田丸屋のお弁当わさび**（田丸屋本店,298円）小分けパックのわさび漬け。弁当にまでわさび漬けとは **19.いでぼく牛乳**（井出種畜牧場,245円）井出牧場で食べるチーズの盛り合わせやソフトクリームがおいしいとの情報が **20.お茶羊羹**（三浦製菓,3コ338円）コインが包まれているがごとし、の小さな羊羹。緑茶風味満点 **21.きくらげ**（坂庄物産,218円）中華へと誘導するパッケージデザイン **22.ぎんなん**（JAしみず,98円）炒って食すカラ付き銀杏 **23.安倍川きな粉**（大川食品工業,88円）きな粉でいただく餅を「安倍川餅」と名付けたのは徳川家康公だった→袋裏情報 **24.やまき屋のこうせん**（静岡やまき屋,88円）あちこちで生産されている「はったい粉」「おちらし」と同様、焙煎された大麦粉。繊維質抜群の栄養食。砂糖と一緒に牛乳に溶かして飲む

静岡のおすすめスーパー

しずてつストア
（新静岡セノバ店）
さすがの品揃え。静岡産品の多さに安心感あり。静岡土産はここで揃う。

022 静岡 Shizuoka

1.万能みかん酢（鳥居食品,598円）みかんの香りは抑えめだけど、甘くてウマい 2.ポテトチップス（三浦製菓,198円）素材の味がよくわかるシンプルなチップス 3.まぐろフレーク味付（SSKセールス,128円）日本じゅうで何度も見かけた缶詰。有名な缶詰メーカーは静岡に集中。そして全国津々浦々に行き渡る 4.ぎんなん水煮（SSKセールス,248円）粒大きめのつやつやぎんなん。ちょっとほろ苦い大人味 5.はごろも煮 まぐろ味付（フレーク）（はごろもフーズ,128円）メーカーの名前がそのまま商品名になった、醤油と砂糖の味付けまぐろ 6.鯖（上から）味噌煮／水煮／醤油煮（伊藤食品,各198円）風味3種のサバ缶。ツマミにおかずに、ストックしておくと便利 7.ほうじ茶（カネ松製茶,315円）和室に似合う落ちついた色合い 8.昔ながらのウスターソース／昔ながらの中濃ソース（鳥居食品,各368円）ガラスビンの再利用を簡易化するため工夫された紙ラベル。懐かしい風味のウスター、スパイシーな中濃、どちらもイケる 9.あらしお（あらしお,128円）まっすぐな味。たとえば白菜鍋のタレなど、これでなければというときがある 10.浜納豆（鈴木醸造,318円）納豆好きにはたまらない。味付けし半生に乾燥させた納豆 11.うなぎボーン（京丸,158円）濃厚なうま味。静岡の鰻屋さんでビールを頼むとツマミに出てくることがあるとか 12.上新粉（辻村製粉,220円）心躍るカラーリング 13.銘茶（ハラダ製茶,1180円）さすが茶所、ご家庭茶のパックもでっかい 14.ふじの国から静岡牛乳（静鉄ストアオリジナル,188円）静岡の象徴である富士山とお茶の深緑。静岡産以外考えられぬ 15.おいしいぼう茶（杉山剛士商店,498円）おいしそうなシースルーの袋。お茶のパッケージもバラエティに富んでいるのが静岡らしい 16.わさびドレッシング（カメヤ食品,378円）全国のスーパーに行き渡るヒット商品。絶妙なツーン具合 17.ワサビ印 ウスターソース（鈴勝,248円）

なパッケージ、軽やかな風味 **17.コーミソース**（コーミ,278円）濃い口ウスターソース。地元でソースといえばコーミ。そして、できれば大きいサイズ。なぜなら当然のごとくお得だから **18.とらじの唄**（中埜酒造,300円）かすかな酸味のある発泡酒。紫色のラベルが美しい **19.やきそば たこ焼き お好み焼き**（扇カネ安,198円）粉もののかやくがすべて揃った詰め合わせ。そういえば子供の頃、実家の団地で上の階に住んでいた名古屋出身のご家庭のお好み焼き率は非常に高かった **20.矢場とん みそだれ**（矢場とん,525円）味噌かつの人気店「矢場とん」秘伝の甘味のある濃厚な味噌ダレ。豚力士が愛らしい

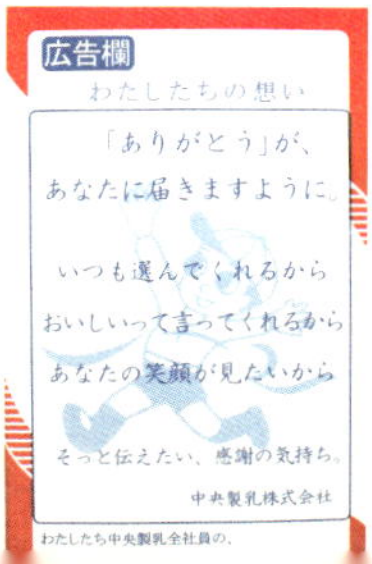

a

b

愛知のおすすめスーパー

一期家一笑

「いちごやいちえ」と読みます。今最も注目されているローカルスーパー。迫力のPOP。豊橋駅からバス。

023 愛知 Aichi

1.しるこサンド（松永製菓,178円）隣接県でまことによく見かけたお菓子。薄いクラッカーであんこをサンド 2.即席おでんつゆ（ヤマサちくわ,5袋210円）赤味噌ダレで煮込む味噌おでんが主流の愛知だけど、これは通常のだし汁の素 3.田楽みそ（中利,609円）ご存知コンニャクにぴったりの赤味噌調味料。「コンニャクが好きというより、味噌を食べるためにコンニャクが必要」と聞いて軽い衝撃を受けた 4.中央牛乳（中央製乳,178円）スタンダードな牛乳。側面には中央生乳の信条が（a）5.唐納豆（桝塚味噌,198円）静岡でも紹介した浜納豆と同様、調味料に漬けて半生に乾燥させた納豆。と言ってもこちらのほうが味噌寄りの味 6.ゴールド赤だし（まるや八丁味噌,680円）スーパーの棚の中で真っ先に目に飛び込んでくる強烈な存在感。赤だし味噌が必需品ということは、この佇まいを見て納得 7.中央ヨーグルト（中央製乳,2コ110円）毎日食べたいお手軽ヨーグルト 8.ミックスゼリー（金城製菓,208円）来た人にお茶菓子を持たせる文化から、小分け菓子に需要がある愛知。このゼリーも右の羊羹もちょっと大きめでもらうと嬉しいかも 9.一口羊かん（金城製菓,278円）渋めのお茶によく合う甘さ 10.赤だしみそ（マルサンアイ,188円）ご家庭赤味噌。このキャラ大好き（b）11.御海苔（浜乙女,315円）愛知県で海苔といえば浜乙女 12.Plain Yogurt（フード生田,195円）スタイリッシュなモノクロ写真を使ったおしゃれなパッケージに感動！濃く、酸味があるおいしいヨーグルト 13.IKUTA FOOD MILK（フード生田,198円）左に同様。紙パックの牛乳の中では印象に残る味。コストパフォーマンス高し 14.なっとう こつぶ（フード生田,2コ105円）真っ黒いラベルが潔い納豆。無添加のタレ付き 15.おさしみ溜（イチビキ,218円）溜り醤油は赤味噌同様、大豆だけで作った濃い醤油。脂の乗った刺身に付けたい 16.彩華 大吟醸（中埜酒造,298円）華やか

和えや五目煮に 12.ほうじ茶（カネイチ製茶,240円）香りが立つ、茶葉の大きなほうじ茶 13.伊勢産 ひじき（スーパーサンシ,248円）袋裏面のレシピ「ひじきいり卵」がとってもおいしそう。ご覧あれ 14.長ひじき（ヤマニ広伝,238円）ひじきの中でも長い新芽を集めたもの。ところでひじきのパッケージは、どれも文字のデザインが似る傾向にある。今後、研究してみたく 15.しょうがひじき（ヤマニ広伝,98円）このままふりかけとして使える、調味済みひじき。生姜とゴマのバランスが絶妙、ウマい 16.水晶飴（南勢糧穀,312円）「飴湯、レモン湯、生姜湯に」と裏面にあり 17.ゆであずき（井村屋,278円）三重県のご家庭の台所に必ず1缶収納されているとかいないとか。三重と愛知のスーパーではあんこものの菓子を実によく見かけた 18.手作りあられ（クマダ,649円）三重県産のもち米を使ったあられの素。油で揚げて塩を振れば、おいしいあられの出来上がり

三重のおすすめスーパー

ぎゅーとら
（エディース津新町店）

1929年創設。地元産品多し。親しみのある虎キャラが目印。

024 三重 Mie

1.大内山 コーヒー／牛乳（大内山酪農農業協同組合,158円／165円）三重ではとてもメジャーな大内山ブランド。滞在中はよく飲んだ 2.玄米茶（カネイチ製茶,190円）緑茶＋玄米のい〜い香り。実は茶所の三重。全国シェア率もトップクラス 3.上白糖／中双糖／氷砂糖（榎本商店,168円／198円／298円）カーネーションがトレードマークの地元メーカー 4.キンミヤ焼酎 カップ／ビン／紙パック（宮崎本店,188円／525円／1280円）さとうきび糖蜜の焼酎。「下町の名脇役」はストレートでも、割っても、オールマイティーに楽しめる。初めてキンミヤ焼酎のパッケージを見たときの感動は忘れない。華やかな「キンミヤブルー」に思わず足を止め、しばらくの間見入ってしまった。自社サイトでは風呂敷も発売中（2013年1月現在）、ファンなら買わねば 5.大内山フルーツ／牛乳／コーヒー（大内山酪農農業協同組合,90円／85円／90円）前述の通り。フルーツ味はほんのりとオレンジの香り 6.手延べうどん（ヤママサ水谷製麺所,2本418円）大矢知町は手延べ麺作りに適した風土。うどん屋さんも多い 7.手延ひやむぎ（大矢知手延麺業組合,2本498円）金魚が涼しげなパッケージ（a）は、お土産にも最適。大矢知町はひやむぎの発祥地とも言われている

a

8.むぎ茶（茶富園,168円）素朴なルックスほど目立つのだ 9.極上 宮の雪（宮崎本店,846円）どこのスーパーでもちょっと品薄で、売れている気配。ほんのり甘く飲みやすい 10.芽ひじき（土金商店,128円）三重特産のひじき。三重のひじきには魅力的なパッケージが多過ぎて、実はたくさんの種類を買っている 11.きざみあらめ（ヤマニ広伝,138円）ひじきよりも細い、三重独特の海藻。味噌

Column

ホントはご当地で会いたかった 掟破りの名品たち

「その県発祥のスーパーに行き」「その県で製造または販売されているものを買う」のがこの本のルールです。でも、他の県ではよく見かけるのに、たまたま生産地で出会えなかった、というものも実はたくさんありました。スルーするのはもったいなく、それらはそれらでここに集めてみることにしました。

バターボール 福島

東北でよく見かけた飴。バターの塩味が利いている。袋のかわいらしさからは想像できなかった本格的な味（安積製菓所）。

日食オーツ 北海道

どこか異国情緒を感じる、青と赤の缶。東京でも無理なく手に入ったので、中高生のときの夜食だった。食べたあとの缶はペン立てや小物の整理に使っていました（日本食品製造）。

天狗納豆 茨城

歯を食いしばった天狗の顔に、ついついこちらも力が入る納豆（天狗納豆総本家）。

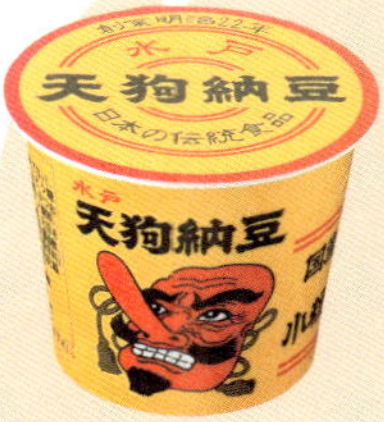

きな粉 茨城

オレンジがかった黄色、オカメの顔、左右にあしらった大豆の図案、赤い水玉。どれもとっても個性的過ぎるのに、バランスよくまとまっているのがスゴい。袋を開けると大豆のいい香りが広がる（野口食品工業）。

白玉粉 千葉

白玉粉は各地で見つかるも、裏面で「四季の食べ方」を解説しているのはこの白玉粉だけ。秋の食べ方としてポタージュスープに入っている白玉がおいしそう過ぎる（川光物産）。

粉わさび 愛知

見よこの、昭和の映画のわくわくするオープニングのような、あるいは銭湯の壁画のようにスケールの大きい背景を。もしもかたくなにルールを遵守した本にしていたら、お見せできなかったと思うとこのコラムを作ってよかった（金印わさび）。

テーオーからし 東京

東京で見たことがなかったのに、他府県ではよく見かけた粉からし。木版画のような素朴な風合いがある（テーオー食品）。

トランプ 静岡

中部地方のスーパーではどこでも置いていた、醤油と海苔の風味が香ばしい丸形のせんべい。なぜトランプなのか、は詩的な理由なのでまたいずれ（三立製菓）。

ホテルマヨネーズ 東京

このマヨネーズも東京で見たことがなく、初めて見たのが関西圏。ブラウン地に金のドットが高級感を醸し出している（日本ホテル食品）。

白桃／みかん 静岡

桃とみかんが切り絵のようで、イギリスのデザインを彷彿とさせるパッケージ。東京ではコンビニで見かけるくらい身近。(SSKセールス)。

角砂糖 東京

色彩のバランスが取れていてスタイリッシュなパッケージ。赤い背景に浮く角砂糖がたまらない。Tシャツの柄にしたいくらい（日新製糖）。

コンビーフ 愛媛

西日本でたびたび見かけた、ちょっと華やかでかわいらしいコンビーフ（四国明治）。

オイルサーディン 京都

黒ではない、深い深いグリーンがとてつもなくおしゃれ。と、いつも思っていたのに京都の中ではみつからなかった不思議（竹中罐詰）。

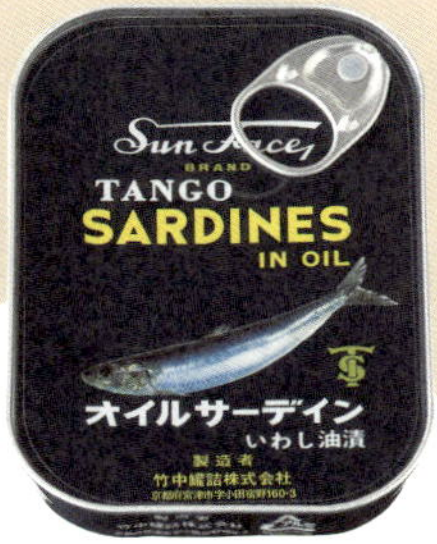

ベーキングパウダー 大阪

洋菓子作りに欠かせないふくらし粉。ケーキが上手くできそうな、そんな気にさせてくれる舶来品っぽいパッケージ（赤田善）。

水あめ 愛媛

中部地方で買った水飴。「水あめ」の文字が流れるように、転がるように見える、とても涼しげなパッケージ（マエダ）。

ライオンこしあん 大阪

砂糖と一緒に煮るだけで簡単にこしあんができる。けど、トレードマークは勇ましいライオン。抑えたゴールドも美しい（橋本食糧工業）。

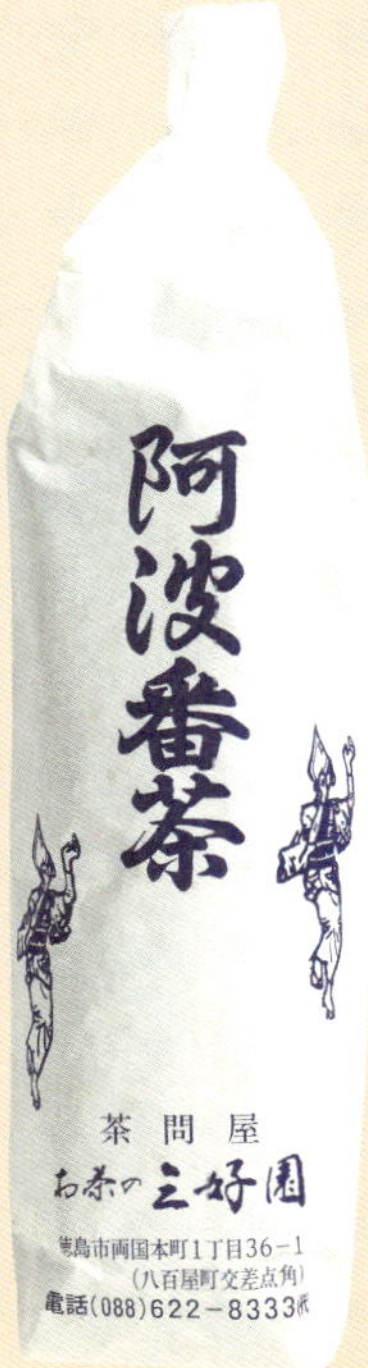

阿波番茶 徳島

なぜか徳島県の中ではみつからなかった、阿波踊りイラスト付きの番茶。徳島と阿波踊りは切っても切れない関係（三好園）。

なす漬の素 奈良

日本じゅう、漬物の素といえば奈良県のつけもと。でも奈良県の中では見なかった不思議。ナスのイラストに存在感がある（つけもと）。

Column

スーパーの正装 憧れのエプロンコレクション

ついつい目が行く、店員さんのエプロン。
動きやすく機能的なエプロンは、働く人も見る人もやる気がアップ。
日本じゅうから厳選した、素敵なエプロンをお借りしました。

1

タカヤナギ・グランマート（秋田）

ポケットが大きく深く、使いやすい。右だけ2重ポケットなのがアクセント。深緑がきれい。

2

ヤマザワ（山形）

訪れたときはエプロンに目が釘付け。左足に大胆に切れ込んだスリットで、大変動きやすい。

3

ニューヨークストア（福岡）

エプロン、インテリア共に茶系でコーディネート。ポケットがぐるりと全面に付いている。

4

成城石井（東京）

中央に20cmほど入っているスリットが機能的かつ美しい。独特の深い赤にセンスが光る。

5

毎日屋（高知）

何といっても胸のお椀と箸のマークがとってもかわいらしい。動きやすいショート丈。

6

フーデリー（宮崎）

とことんシンプルな真っ黒エプロン。真っ黒のカゴ＋銀ピカのカートもスタイリッシュ！

にゃっとやわらかな歯触りも好き 13.糸こんにゃく（山中商会,248円）糸コンニャクも滋賀では赤い。POPには「話題のひこね丼にも使われている糸こんにゃく」とあったが食べそびれてしまった。調べてみると平成23年に誕生した新しいご当地グルメで、赤コンニャクと天婦羅、玉子などを取り合わせた丼とのこと 14.ちくわ麸（澤田製麩所,148円）中央に穴が空いた棒状の麸を輪切りにしたもの 15.滋養麸（澤田製麩所,円）スーパーで見たときに「ザ滋養麸」と空目。袋裏の「変わった召し上がり方の一例」が面白い。麸に生玉子を染み込ませサラダ油で焼き、マヨネーズやケチャップでいただくというもの。麸の調理法もまだまだ開拓の余地がありそう

滋賀のおすすめスーパー

平和堂
（アル・プラザ大津店）
中国の暴動で一気にクローズアップされた平和堂。どの店舗も駅近で便利。

パリヤ
規模は大きめ。彦根駅からバスで「彦根ニュータウン」降車すぐ。彦根駅には平和堂も。

025 滋賀 Shiga

1.ローファットヨーグルト プレーン／ブルーベリー（日本酪農共同,各118円）ポップで楽しいデザインのヨーグルト。プレーンはしっかりとした酸味がありウマい。ブルーベリーは口当たりあっさり&甘め 2.こんにゃく（山中商会,158円）滋賀名物、赤コンニャク。マットな深い赤にぎょっとするが、滋賀ではこれがスタンダード。赤くないコンニャクはコンニャクのような気がしないのだとか。赤味の元は三二酸化鉄。プリッと固く、特にくせのない味。派手なものが好きな信長が染めさせたとも言われている。県民にとっても赤がハレの色であり、運動会では赤組になりたがる子供が多いらしい 3.ほうじ茶（みやおえん,420円）茶葉は細か目、香り良し 4.びわこ牛乳（日本酪農共同,188円）滋賀県産生乳100%。売り上げの一部が琵琶湖の保全活動に寄付されている 5.伊吹牛乳（ミルクファーム伊吹,320円）なだらかな山と琵琶湖を彷彿とさせるパッケージ 6.ポンせんべ（江崎せんべい製菓,258円）隣接した県でもよく見かけた滋賀のお菓子。醤油が香ばしいふわっと軽いせんべい 7.神開（藤本酒造,398円）滋賀のご家庭清酒。ラベルに使われているのは大津絵・雷公。大津絵とは江戸時代から滋賀で描かれてきた民俗絵画 8.伊吹牛乳（ミルクファーム伊吹,85円）9.八千代麩（加納製麩所,168円）棒状の麩を輪切りにしたもの。各地で麩を見てきたが、この袋の色合いやイラストは私の好きなパッケージベスト3に入る。滋賀は本当に麩が多い。出身者に聞くと、やはり食卓に並ぶことは多く、学校でも給食に出たり、おやつとしてそのままかじることもあったとか 10.丁字麩（澤田製麩所,205円）すき焼きなど鍋物に使うことが多い、マッチ箱を大きくしたような形の麩 11.中華そば（田中製麺所,125円）一般的な中華麺。温でも冷やでも 12.寿浜（コタケ,238円）石川県や福井県で食べたすはまとほぼ同じ味。大豆が原材料、昔ながらのきな粉味の菓子。く

11 12 13 16

10 14 15 17 18 19 20 21

商店,490円）高級店のお吸い物に入っているじゅんさい。浮かんでいる佇まいもまた美しい 15.美山しぐれ（芦生の里,365円）山椒が香るきゃらぶき 16.一休堂の京一味（一休堂,308円）全国で見かけるカジュアルな一味 17.マルト印グリンピース（藤田缶詰,118円）ビン詰めグリンピースを初めて使ってみた。缶入りよりもやわらかい気がする 18.くろみつ（北尾商事,458円）近県でもよく見た黒蜜。沖縄の黒砂糖が原材料 19.石野の白味噌（石野味噌,318円）私の好きなまろやかな白味噌。京都では知らぬ人のいない有名メーカー 20.赤出し味噌（石野味噌,365円）赤白の味噌がバランスよく並んでいた京都のスーパーだが、料理屋では白味噌に出会う確率が高い 21.鴨川納豆（藤原食品,71円）雑味のない納豆。京都人には、他府県の人が思っているよりも納豆好きが多い

京都のおすすめスーパー

フレスコ（東寺店）

京都駅北側、最も観光地に近い住宅地のスーパー。周りはほぼ地元の人のみ。

マツモト（五条店）

京都駅から1駅の「丹波口駅」すぐ。市場が近隣にあるので人通りが多い。

026 京都 Kyoto

1.京千鳥（吉川商店,178円）コロッとした千鳥型、甘くて香ばしい醤油味のおかき。メーカーは1951年創業の米菓の老舗 2.江口のピーナツバター（江口製菓,198円）袋を開けたとたんにピーナツの香り。いつかどこかで食べたような、キャラメル風味の洋風おこし（a）3.そばぼうろ（平和製菓,128円）そばぼうろは京都のソウルフード。梅の形を見てそばぼうろをイメージするのは京都人の証 4.タカラカップ 25度／20度（宝酒造,188円／178円）スーパーには焼酎が意外にも多かった。全国区の焼酎メーカー、宝焼酎のお気軽ワンカップ 5.松竹梅 上撰（宝酒造,198円）後出の、上撰 月桂冠と共に、現地では神社の奉納酒として強く人々の記憶に残ることも 6.月桂冠 キャップエース（月桂冠,198円）キャップをひっくり返せばわりと本格的な形状のおちょこに 7.千鳥（村山造酢,415円）

a

料理上手御用達、ワンランク上の米酢 8.上撰 月桂冠（月桂冠,698円）なるほどよく見ると厳かなるラベルデザイン 9.うすくち京むらさき（難波醤油醸造,470円）どのスーパーも品薄なので売れているよう。食材に色が付きにくい薄口醤油はその昔、関西圏で考案されたもの 10.ツバメ ビフテキソース／ウスター／とんかつソース（ツバメ食品,各328円）お味はどれもオーソドックス。おばんざいばかりイメージされる京都でも、家庭の食卓には当然のごとく洋食が上り、ソースも常備されている 11.京都農協牛乳（京都農業協同組合,68円）京らしい複雑な色味を華麗に構成した牛乳 12.豆乳カレー（愛京家倶楽部,525円）南禅寺御用達である服部の豆乳を使用した、品のあるレトルトカレー 13.粟おこし（江口製菓,198円）甘い中にも生姜がピリッと利いている 14.トンボ印のじゅんさい（木村九

88円）全国どころか世界的に愛されている袋麺。海外で積まれている姿を見ると誇らしい気持ちに 16.絹こし胡麻 白／黒（大村屋,各924円）ゴマだけをクリーム状にすり潰した贅沢な逸品 17.カップヌードル チリトマト／しお（日清食品,138円／158円）ポップで安定感のあるデザイン。食欲旺盛な学生の頃、チリトマトは残り汁にご飯を入れるために食べていた 18.黄金糖（黄金糖,188円）透明度にかけては全国屈指の大阪の宝石。素朴な甘さ 19.すしのこ（タマノイ酢,150円）全国的にファンの多いすしのこ。袋裏情報によると、レトルトご飯にも合うそう 20.極上七味唐辛子（やまつ辻田,315円）山椒の風味がさわやかな七味。おすそ分けには裏に80円切手を貼ってポストイン！（a）

a

大阪のおすすめスーパー

イズミヤ（花園店）

日本初の「ショッピングセンター」は西成が発祥。大阪産品が多く揃う。

パントリー（蒲生四丁目店）

整頓された美しさ。訪れたときの店内BGMは、♪ダバダバダ〜で有名な「男と女」。

027 大阪 Osaka

1 2 3 4 5 6 7

1.こまどりのすずやき（こまどり製菓,188円）口の中でほろっと崩れる甘いカステラ菓子 2.あめゆ ひやしあめ（日本サンガリア,68円）夏は冷やして「ひやしあめ」、冬は温めて「あめゆ」に。さらっとした甘味、ほのかな生姜の香り 3.昇龍 赤まむし（三和薬品, 49円）ラベルの迫力の割に、や、安い……。いわゆるビタミン系栄養ドリンク味の清涼飲料水 4.やきそば／ほそめん揚げそば（加美食品工業,各188円）いわゆる「堅い麺」の太いのと細いの。八宝菜始め、カレーやシチューにも 5.箕面ビール　ヴァイツェン／ペールエール（箕面ブリュワリー ,各399円）オシャレなルックスのご当地ビール。ヴァイツェンはまろやかでフルーティー、エールはしっかりとした苦みあり 6.ソフトこんぶ飴（中野物産,155円）ソフトで甘いこんぶ飴。袋を開けるとこんぶの香り 7.パインアメ（パイン,148円）誰もが知っている全国区キャンディ。50余年のロングセラー 8.旭ポンズ（旭食品,698円）これまた全国で愛されるポン酢醤油。濃厚で美味 9.中野の都こんぶ（中野物産,99円）もはや説明不要の全国区こんぶ。お菓子かそうじゃないかの議論白熱、遠足に持って行っていいのかどうか悩んだ大阪の小学生は少なくない 10.もみじおろし（福徳食品,238円）ペースト状の唐辛子。旭ポンズと合わせれば無敵 11.ココアシガレット（オリオン,31円）昔から変わらないルックス。だが中身のココアとミントの味わいが確実にグレードアップ 12.磯じまん（磯じまん,248円）西日本で海苔の佃煮といったらこれか、兵庫の「アラ！」。本社屋上には磯じまん型の巨大看板が設えてあるとの目撃情報あり 13.串かつソース（大黒屋,278円）大阪名物、２度漬け禁止の壺入り串カツソース 14.エースコック ワンタンメン（エースコック,88円）CMソング「親子2代のワンタンメン〜　今でもしぶとく食べてます」に思い当たる関西人は相当多い 15.出前一丁（日清食品,

028 兵庫 Hyogo

類かのバリエーションがある（b）15.しょうが酢漬（加藤産業,359円）焼魚のお供に欠かせない、赤くてきれいなはじかみ 16.QBB Qちゃんチーズ（六甲バター,468円）全国をカバーするQちゃんチーズ。実は味も形状も多種多様 17.イカリソース レトロ（イカリソース,365円）創業明治29年、ちょっとスパイシーなウスターソース。デザインは昭和30年頃のものを復刻。食卓が華やかに 18.黒酢（マルカン酢,298円）マイルドな酸味の黒酢 19.ヒガシマルしょうゆ うすくち（ヒガシマル醤油,244円）兵庫のご家庭醤油ではおなじみのブランド 20.焼きビーフン（ケンミン食品,110円）兵庫人の心と胃の故郷。米製のビーフンは味がよくしみて調理しやすい 21.かく ふじっ子（フジッコ,248円）私の家の冷蔵庫にも常に複数常備のフジッコもの。お茶漬けにはやっぱりこの正方形

a

b

1.レモンサワー（布引礦泉所,100円）シンプルな佇まいが、賑やかな飲料水の棚でよく目立つ。主にアルコール類を割るための炭酸飲料 2.神戸牛乳（いかりスーパーマーケット,239円）気分が上がるさわやかなパッケージ。神戸に行ったら寄らずにはいられないikariスーパー、オリジナルの食品がどんどん増えている。味にも定評あり 3.きくらげ（加藤産業,98円）あしらいには中華風の模様を。全国規模のお約束 4.もち麩（田辺麩店,129円）かわいらしい大きさ、味噌汁に気軽に入れるのにぴったり 5.鶯ボール（植垣米菓,178円）関西圏のお茶菓子の定番。甘しょっぱい小さな揚げ餅は発売80年以上のロングセラー(a) 6.ブルーベリージャム／マンゴージャム（いかりスーパーマーケット,各698円）これもikariスーパーオリジナル。品のあるラベルに濃厚な風味。特にマンゴーのコクが素晴らしい 7.神戸居留地 トマトジュース／アップルジュース／オレンジジュース（富永食品,各59円）リーズナブルな「神戸居留地」ブランド。1994年に神戸でスタート 8.淡路島牛乳（淡路島酪農農業協同組合,68円）関西のみならず、特に香川県のスーパーには必ず置いてある牛乳 9.六甲花吹雪（植垣米菓,178円）醤油味のあられにピーナツ、ときどき黒豆。この黒豆のバランスが絶妙 10.御ゆば（北山食品,210円）水で戻して鍋物、吸い物に。昔ながらのシンプルな大豆の風味 11.揖保乃糸（左から）手延べそうめん／手延ひやむぎ（兵庫県手延素麺協同組合,395円／ 375円）全国をカバーする揖保乃糸、安心の味。龍がラベルを豪快に泳ぐのは龍野町の組合だから 12.チャンポンめん（イトメン,108円）やさしい塩味。インスタントにしてはかやく量が豊富 13.グリンピース（加藤産業,123円）京都同様、ビン詰めグリンピースは比較的やわらか 14.アラ！（ブンセン, 298円）西日本の海苔の佃煮では圧倒的シェアを占めるアラ！。ウェットで甘め。フタは何種

い家にストックができることもあるとか **10.即席 あさ漬の素**（松井物産,148円）酸味と旨味、香辛料が香る。これはなかなかイケる **11.味きらり ゆず昆布**（昆布寅,313円）お茶請け昆布菓子。ほんのり柚子風味の砂糖がまぶされ、やわらかい **12.緒環伝説**（マル勝高田商店,528円）そうめんをさらに細くした「細麺」。こんなに細いのは初めて見た。計ってみると直径約0.5mm！ つゆとよく絡みおいしい。珍しいので十分奈良土産になる **13.はるさめサラダ**（フクイ食品,134円）奈良ははるさめの代表的な生産地なので、はるさめメーカーはとても多い。スーパーでは主に鍋やサラダの材料としてアピールされている **14.大盃印 はるさめ**（金正食品,178円）繊細な食感。中国産の緑豆製に対して、奈良のはるさめは芋類のでんぷんを使っていることが多い。**15.まつばやのあられ**（まつばや,277円）塩分は控えめ。米が香ばしく素朴な味わい

奈良のおすすめスーパー

いそかわ（尼ヶ辻店）

初めて来る人にとっては衝撃、なんとスーパーの向かいに古墳が！

029 奈良 Nara

1

2

3

4

5

6

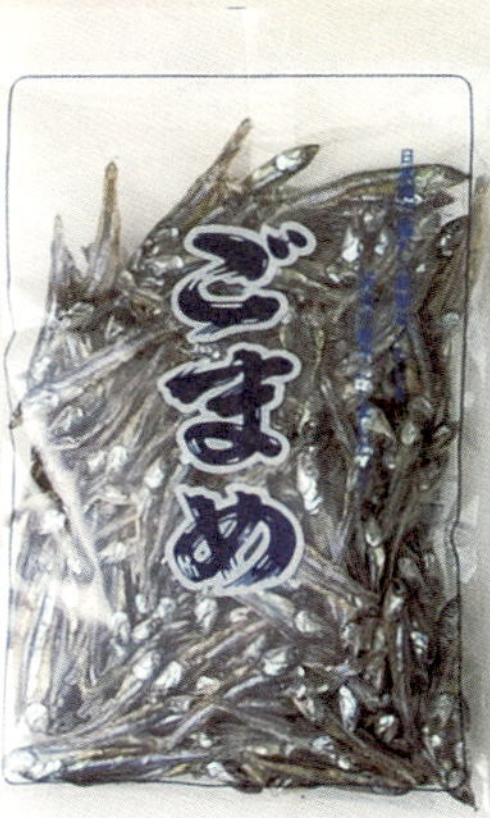

7

1.澤庵漬の素（松井物産,698円）色、文字、すべてに訴求力のあるパッケージ。奈良はどのスーパーも（訪れたのが秋だったから、ということもあるが）漬物用の食材、調味料が実に豊富で驚いた。まだまだ家庭で大量に作る習慣が根付いている。あるいは自然回帰や節約など、様々な理由もありそう。ところで取材中は、近隣の県では奈良産のものがたくさんみつかるというのに、肝心な奈良の中では見つからない、という怪現象に悩まされた（この続きは本文で）**2.白菜漬の素**（松井物産,278円）きゅっと胸が締めつけられるような、郷愁を感じる素朴な白菜の絵 **3.家庭用タンサン**（松井物産,92円）重曹。お菓子に使うイメージが強いが、奈良では漬物材料の近くにあったので、山菜などのアクヌキに使われることが多そう **4.ぬか床**（松井物産,980円）調味料がすべて揃って容器に入った、買ってすぐぬか漬けに取りかかれるボリュームあるキット（a）**5.わかめ**（昆布寅,398円）戻すとやわらかくツヤが出る乾燥わかめ。海に面していない内陸県のためか、海産物には多少の割高感が否めない **6.ぬか漬の素**（松井物産,113円）すでに調味料が入っているお手軽ぬか床。民芸品的なタッチのイラストが愛らしい **7.ごまめ**（奈良さかもと,398円）ミニな片口イワシ。砂糖と醤油で煮詰める。おせちに登場する「田作り」のことを奈良ではごまめと言う **8.おやつ昆布 いわれ**（昆布寅,628円）ちょっと酸味のある味付け、食べているうちにとろっと溶ける **9.三輪素麺**（マル勝高田商店,691円）私の感覚では兵庫の「揖保乃糸」の次にメジャーな三輪素麺。奈良では贈答品によく使われるらしく、スーパーで買わなくてもいいくら

a

付けおかず海苔メーカー。モノトーンのパッケージが多い中で目を引くカラーリング 11.ほうじ茶（まさご園,208円）ほうじ茶は定番中の定番。そして和歌山ではほうじ茶の茶粥が非常にポピュラー。ホテルの朝食にも出てくるくらい。私もお茶漬けには必ずほうじ茶を使うので、珍しいとは思わなかったが、和歌山の人は驚かれることに慣れているよう 12.長久（中野BC,208円）右の黒牛と共に和歌山のお手軽日本酒 13.黒牛（名手酒造店,260円）こちらは純米酒、まろやかで飲みやすい 14.玉川（古川製菓,218円）小麦粉×砂糖×生姜、日本全国で愛されている菓子の味 15.おおだまMAX（川口製菓,198円）昭和3年設立の老舗。工場のデザインは、まるでテーマパークにある建物のようにカラフル

和歌山のおすすめスーパー

松源（本店）
県産品多数。店内にしばらくいれば覚えるテーマソングの歌詞は、一般から公募。

オークワ（和歌山中之島店）
大規模。売り場は整頓され買物しやすい。和歌山駅徒歩圏。

030 和歌山 Wakayama

1.高野特産 角濱ごまとうふ（角濱総本舗,420円）ゴマ豆腐は和歌山と奈良の特産品。ゴマと葛粉であり、大豆ではない。お土産ものとしてよく見かけるものだが、スーパーにも普通に売っているとは思わなかった。こちらのゴマ豆腐はゴマの香りが濃いタイプ 2.高野山ごま豆腐（山里食品,208円）そしてこちらはあっさり味でツルッとした口当たり。ちなみに高野山とはひとつの山のことではなく、高野町にある標高1000m級の山々の総称 3.ごまだれ（ハグルマ,298円）ゴマと柚子とだしのバランスが絶妙。柚子も紀州の特産、柑橘系の果物は地元でとても好まれるそう 4.すきやきのたれ（ダイナミック食品,418円）スーパーでよく見かける地元メーカー、ダイナミックのタレ。食材が並ぶ傍らには必ず置かれている。甘味とかつおだしが利いたスタンダードな味 5.アッサク麸（松源,128円）4〜5倍に膨らむ。和歌山ですき焼きに入れる麸と言えばこれだそう 6.紀州ぽん酢（ダイナミック食品,580円）紀州名産の古座川の柚子とかつおだしが香ばしい、ひと味違うぽん酢 7.那智黒（那智黒総本舗,278円）地元和歌山では誰でも知っている、喉に利く黒飴。思ったより軽やかで品のある風味。まだ試す機会がないのだが、「ウッ」っと言って「なちぐ〜ろ〜」と返ってくれば和歌山県人らしい（CMより）8.紀州しそ漬梅（岩田食品,398円）私は毎食食べるくらい梅干しが好き。予想通り、和歌山のどのスーパーも梅干しは嬉しくなるくらい山積み。関東では1日でそれほど大きく動かない印象だが、和歌山で同じスーパーに朝夜訪れたときの、夜の梅干しの減りっぷりは感動的ですらあった。中でもひとつ選ぶとしたらこれ。ラベルが華やかで、粒もまるまるしてちゃんと赤い。そして酸っぱいだけではなく旨味もある 9.醸造酢 九重（九重雑賀,228円）一見日本酒と見紛うパッケージの醸造酢 10.キタバタの味付のり（北畑海苔店,399円）和歌山県人にはおなじみの味

口醤油。これとは別に刺身醤油もあり、それは漁師が船に積んでいくほどおいしいとのこと。たまたま出会えず残念！ 10.キッコーナン さしみ醤油（楠城屋商店,378円）適度なとろみとコクがウマいご当地醤油。調べてみるとファンは多く、鳥取に行ったついでに必ず買うという県外の人も。鳥取の刺身はおいしいので、醤油に対する味覚も負けずに研ぎ澄まされると見た 11.きな粉（梶田商店,60円）大豆の香り高いきな粉。目立つマーク、手描きの文字、2色使い。これぞニッポンの正しいパッケージ。思わずうっとり 12.瑞泉 カップ（高田酒造場,207円）クセのないご家庭カップ酒。100年以上地元に愛されている蔵元

「はま茶」裏面の「おいしい入れ方」の表現には飾り気がまるでなくて、好感が持てる。

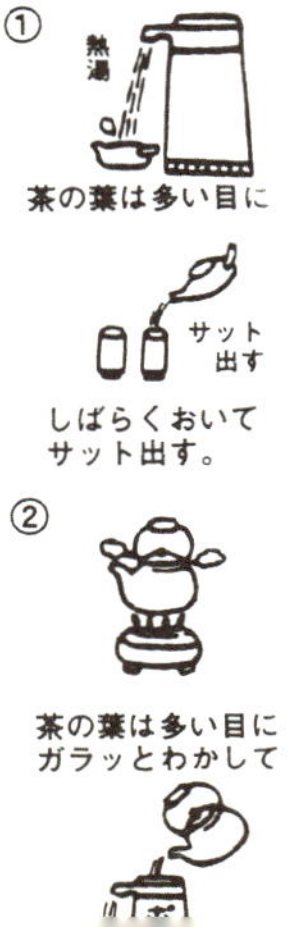

鳥取のおすすめスーパー

サンマート（湖山店）
鳥取駅から1駅の鳥取江崎町駅。江崎町での創業がなんと大正3年（1914）年。

031 鳥取 Tottori

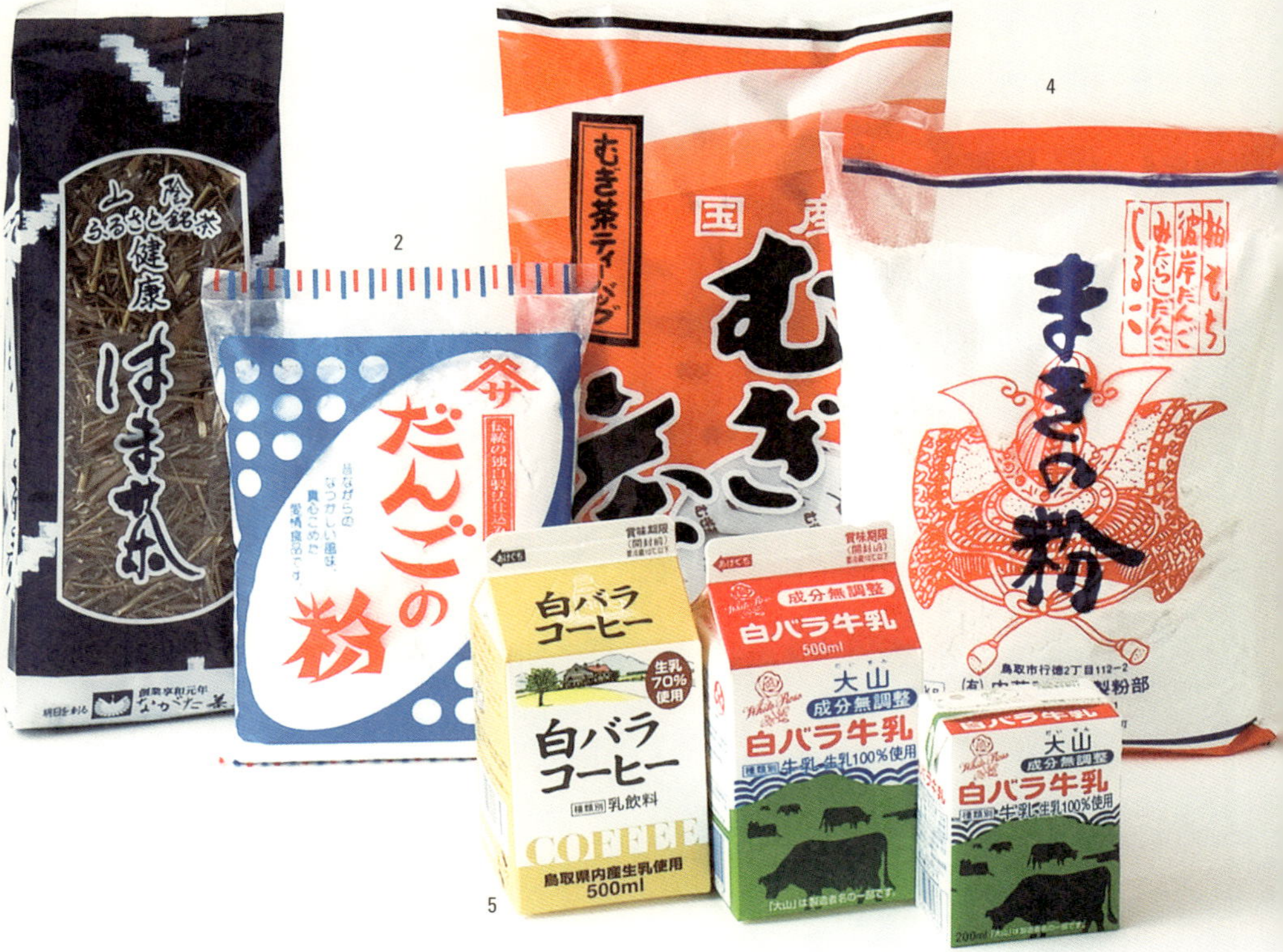

1.はま茶（ながた茶店,430円）茎がいっぱい、ちょっと個性的な味わいのお茶。袋裏の解説によれば米子、松江地方の人々が好んだ味なのだそう。はま茶の学名はカワラケツメイというマメ科の一年草。むくみなどに効果があるという説も 2.だんごの粉（湊屋商店,312円）だんご用の米粉。みつけた時に声をあげそうになった、たまらなく愛らしいパッケージ。裏面の解説には団子のトッピング例にジャムやマヨネーズも！ そしてちまきの形は山陰特有のとんがり帽子型（a）3.むぎ茶（千谷茗風園,218円）ティーバッグ30コ入りのご家庭麦茶。ホットでもイケる 4.まきの粉（内藤製餡所製粉部,798円）力強い兜のイラストが目印。裏面の調理例の筆頭には、端午の節句の柏餅の作り方が。日本のスーパーにはこのような和菓子用素材がとても多い。が、和菓子作りが趣味として取り上げられることはあまりない。もっとクローズアップされればいいのに 5.白バラ コーヒー牛乳／牛乳（大山乳業農業協同組合,155円／ 145円／ 72円）しっかりとした風味がありおいしい。東京ではちょっといいスーパーで売っている白バラ牛乳も、地元鳥取ではおなじみの給食牛乳 6.酢の素（杉川商店,312円）5倍に希釈して使うお酢。家庭で酢を使うことの多い県、たとえば石川県などでもよく見かける。5倍分使えると思うと場所も取らずお得 7. 君司（君司酒造,333円）キャップを開けるとふわっといい香りが漂う、菊のモチーフが美しい清酒。スーパーでは出会えなかったけど、君司酒造の梨のリキュールがとってもスタイリッシュ 8.味みそ（ヒシクラ,550円）魚介のだしがふんだんに入ったご家庭味噌。裏面には昭和36年当時のあいさつ文が 9.イナサ醤油（山崎醸造本舗,450円）存在感のある、華やかなラベルの薄

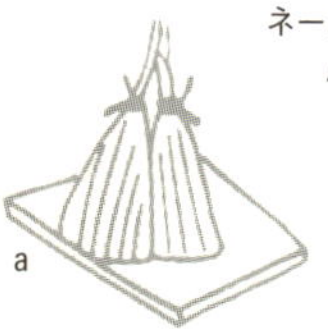
a
ちまきに

ごとの行事で団子作りと、餅とり粉の出番は多い **16.中寿紙麸**（丸福製麸所,159円）麸に渦巻き模様はよくあるけど、左右の色が違うのはスゴい **17.ゴールドうぐいすきな粉**（永江製粉,198円）**18.松崎のたまごせんべい**（松崎製菓,218円）さくっと軽い歯応え、控えめな甘さの飽きないせんべい。きちんとお茶とオヤツをとる習慣が根強く残る島根、羊羹やお茶菓子はスーパーにどっさり **19.羊羹**（西村堂,105円）これもまた清水名物の羊羹。ひと口サイズ **20.木次パスチャライズ牛乳**（木次乳業,小90円／大252円）東京周辺では高級スーパーでしか手に入らず珍重されている。普通に買えるのがうらやましい。明らかに独特の甘味がありウマい **21.栄養麸**（清水製麸,105円）使いやすい小さなサイズ。島根県産の麸の種類は非常に多い。「よく考えるといつも食べていた」という空気のような存在でもあるとか

島根のおすすめスーパー

みしまや ヴェルデ（中原店）
なぜかスーパー独特の冷えた空気を感じない。島根産のものが多くみつかる。

032 島根 Shimane

a

1.松茸麩（清水商店,74円）袋を開けるとふわっと松茸の香り。形もちょっと松茸風 **2.ナンメのむぎ粉**（南目製粉,147円）大麦を煎って粉にした、これまでに何度か登場の「はったい粉」や「おちらし」と同じもの。日本のあちこちで生産されていることをあらためて知った食品 **3.紅花油**（影山製油所,1334円）無調合の一番搾り、雑味ゼロ。澄み切った紅花油。 **4. 鬼扇せんべい**（中山製菓,260円）島根でよく出会う、小麦粉と玉子の軽いせんべい。扇形の形状は見た目にも趣きが **5.亀の甲せんべい**（中山製菓,260円）これもまた小麦と玉子の素朴な味わい。ちゃんと亀の甲の形（a）**6.羊羹**（元祖黒田千年堂,420円）竹の皮で包まれたずっしり重い羊羹。清水寺名物の羊羹は多種多様。寺で食されてきた歴史は千年を超えるのだとか **7.ゴールド白折**（千茶荘,920円）甘くいい香り、色もきれいな抹茶入り煎茶。その昔、初代支配人が抹茶の箱に、うっかり煎茶を入れてしまったことが始まり。味見をしたら意外とおいしく、今に至る **8.錦味噌**（小西本店,378円）島根ではおなじみのご家庭味噌 **9.焼肉のたれ**（甲斐町農業協同組合,473円）味噌の風味にニンニクの利いたタレ。肉、野菜何にでも合いそう **10.白玉だんごの粉**（南目製粉,538円）全国で見た白玉団子粉の中で１番ラブリー！ **11.ナンメの青豆粉**（南目製粉,198円）青大豆を使った緑色のきな粉が好き。土産にするならこれ **12.澤庵漬の素**（斐川園芸,698円）島根では漬物は買うものではなく、作るもの **13.ヒカミ正宗GREEN CUP**（簸上清酒,214円）ご家庭カップ酒。私が訪れたときはあちこちで品薄、売れているようだった **14.コッキカップ**（國暉酒造,225円）江戸時代から続く蔵。甘味が強く神社のお神酒に近い味だけど、慣れるとトリコに **15.ナンメの餅とり粉**（南目製粉,118円）正月は餅つき、季節

9

8 10 11 12 13 14

人生の門出にふさわしい名称として命名されたそう（a）**12.萬年雪 荒走り**（森田酒造場,1280円）日本酒の中では珍しい形状のビンで目立つ。「荒走り」とは、槽掛け作業中にとれるごく少量の酒のこと。つまり一度に大量に作れない貴重なもの。県内外にファンの多い辛口のお酒 **13.岡山備前みそ**（備前味噌醤油,298円）明治5年創業、後楽園のたもとの味噌メーカー。150年以上変わらずに岡山の台所に寄り添う、なめらかな味噌 **14.手延素麺 かも川**（かも川手延素麺,238円）私好みの細めのそうめん。つゆとよく絡むのが特徴

a

マルナカで買った、岡山名産「生デニム」（加工していないデニム）製のショッピングバッグ。

033 岡山 Okayama

1 2 3 4 5 6 7

1.かも川そば（かも川手延素麺,158円）コシのあるご家庭そば。岡山はうどん文化圏なので、そばの出番は年末に多いのだとか 2.ほうじ番茶（天仁製茶,298円）海苔のように香ばしい大きな葉のほうじ番茶。大きなヤカンに入れて、ストーブの上でガタゴトと豪快に煮出したい 3.手焼 烏城麩（前原食品工業,98円）吸い物、鍋物、ラーメン、何にでも合う小ぶりな麩。パッケージの城は、岡山烏城（うじょう）公園から見上げた美しい岡山城。烏城公園の川向いにある後楽園は、水戸の偕楽園、金沢の兼六園と共に日本三名園のひとつ 4.こいくちしょうゆ（とら醤油,239円）私が全国で見た醤油の中では、最も勇ましいラベル 5.オハヨー牛乳（オハヨー乳業,大199円／小88円）岡山県人を育てた牛乳は、構成美溢れる幾何学的なデザイン。その昔、小学生の社会科見学といえば、オハヨー乳業→岡山木村屋（地元ではバナナクリームロールで有名。日本で初めてのパンメーカー）のパン工場、というルートが定番だったそう。なんだかうらやましい！ 6.蒜山ジャージーヨーグルト（蒜山酪農農業協同組合,118円）県北の蒜山は夏の涼しいリゾート地。小柄な茶色のジャージー牛の乳は濃厚なことで全国的によく知られている。ヨーグルトも当然美味 7.蒜山ジャージー牛乳（蒜山酪農農業協同組合,138円）私がこれまでに飲んだビン牛乳の中で一番おいしかった。まるでクリームのように密度濃く、記憶に残る味。このビン牛乳を飲むために、また岡山のスーパーに行きたい。コーヒー牛乳もまた絶品 8.米酢（マンネン酢,358円）ほんのり甘い米酢。華やかな白凰のマーク 9.やまはの小判ピー（やまは製菓,198円）豆がふんだんで、見た目から想像するより断然イケる 10.賀茂緑 グリーンカップ（丸本酒造,195円）大粒の岡山米を3割以上磨いて仕込んだ、甘味の強いお酒 11.清酒新婚 GUI Cup（平喜酒造,163円）多くの人に祝福される、

034 広島 Hiroshima

広島のおいしいふりかけ。袋タイプもあり。小旅行に持って行くお弁当にかけることをイメージしているよう。キャラの髪が切符になっているのが愛らしい **13.白牡丹（上）広島上撰 LIGHT CUP ／（下）広島の酒 LIGHT CUP**（白牡丹酒造, 182円／ 172円）**14.いりこみそ**（ますやみそ,460円）炒り粉の入った調味味噌。ご飯に乗せて、あるいは野菜や豆腐に付けて酒の肴に **15.お好みソース 弁当用**（オタフクソース,116円）すでに全国区なオタフクソースのお弁当用。そこまで一緒にいたいと思わせるほど、愛されているソース **16.新庄白みそ**（新庄みそ,198円）米糀を発酵させた甘口味噌。広島の郷土料理「団子汁」（味噌汁に白玉を入れたもの）に使われる **17.ゴールデン新庄みそ**（新庄みそ,185円）通常の味噌汁にはこちらが定番

広島のおすすめスーパー

マダムジョイ（己斐店）
路面電車の西広島駅直結でアクセス抜群。広島電鉄グループによる経営。

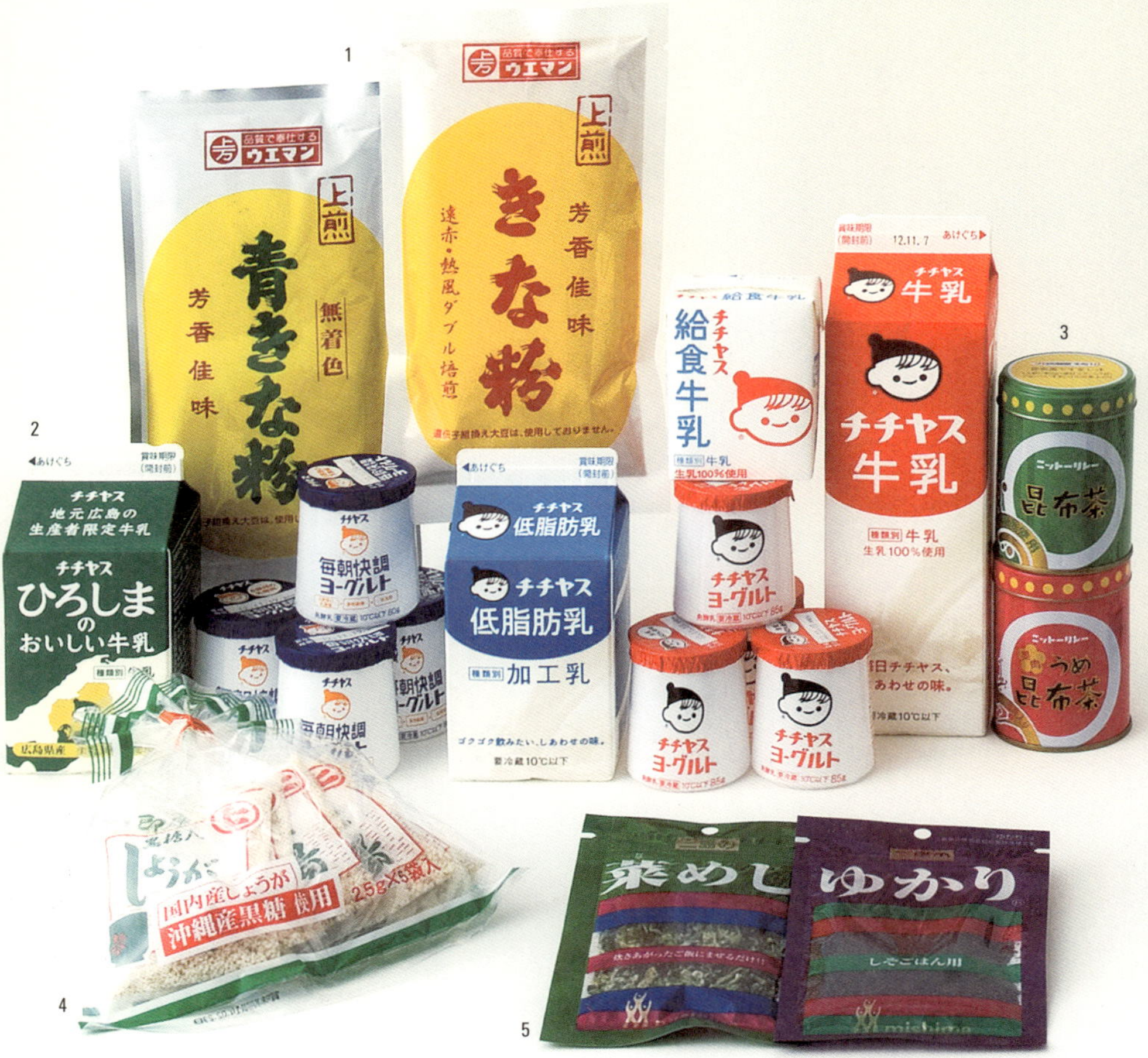

1.青きな粉／きな粉（上万糧食製粉所,148円／ 108円）きれいな緑色の青きな粉が食欲をそそる 2.チチヤス製品大集合……（左から）ひろしまのおいしい牛乳（168円）／毎朝快調ヨーグルト（4コ148円）／低脂肪乳（118円）／給食牛乳（68円）／ヨーグルト（4コ148円）／牛乳（148円）チチヤスは日本で最初にヨーグルトを作った乳製品メーカー。関東圏でも以前から有名ではあるが、2007年にリニューアルデザインしグッドデザイン賞を受賞してからは全国的に知名度がUP。どれもスタンダードな、まさしく給食で食べたような親近感のある味。その昔「チチヤスハイパーク」（牧場やゴーカートのあるテーマパーク）で遊んだことを懐かしがる広島人は多い 3.昆布茶／うめ昆布茶（日東食品工業,各346円）中国地方で昆布茶といえば日東。利尻昆布の深い旨味 4.即席 黒糖入 しょうが湯（樋口製菓,158円）ピリッと喉にくる。お湯を少なめにするのがウマい 5.菜めし／ゆかり（三島食品,108円／ 99円）どちらも全国でおなじみのふりかけ。ゆかりはもはや赤紫蘇ふりかけの代名詞。食欲が出ない暑い時期も、これさえあれば 6.白牡丹（白牡丹酒造,837円）ご家庭で気軽に飲む酒がたくさんある広島。代表的なブランドが白牡丹と右の千福 7.千福（三宅本店,951円）そして、それぞれ独自のデザインが目を引く 8.千福 カップ（上）上撰清酒／（下）清酒（三宅本店,各176円）上撰のほうがちょっとまろやか。小さなカップでもこの市松模様はよく目立つ 9.むぎこーん 25度／ 20度（中国醸造,105円／ 95円）大麦原酒ととうもろこし原酒をブレンドした3年貯蔵の焼酎。独特なやわらかさがある 10.白菜漬の素（ニッカ食品,250円）10kg樽用漬物の素。漬ける予定なくともつい買ってしまうおいしそうなパッケージ 11.風味あられ（日東食品工業,189円）昆布茶やお茶漬けに入れると風味UP 12.旅行の友（田中食品,288円）大人になってから知った、

シ」と呼ばれる豆科のお茶。煎った豆のちょっと個性的な香り **12.きな粉**（丸世製粉,128円）前述の通り、きな粉のバリエーションは多い。8と同じメーカーだがこちらが若干味に深みを感じる **13.白玉粉**（丸世製粉,218円）団子を作るためのもち米の粉。これもまた全国にあり、菓子だけではなく雑煮に入れる習慣も **14.練うに**（小川うに,418円）ほかほかご飯に乗せたりパスタに使ったりしたい、塩気と甘味が絶妙なウニ。山口はいい酒が多いのでおそらくは肴である **15.夏みかんマーマレード**（日本果実工業,260円）黒ベースのシックなルックス。さすが夏みかんの名産地、缶詰のマーマレードとは珍しい。缶を開けるとさわやかなみかんの香り、こってり甘め。私としてはもっと酸味があってもいいなあ **16.松印醤油**（一馬本店,498円）ご家庭濃い口醤油。シンプルな色合いがかえって目立つ

a

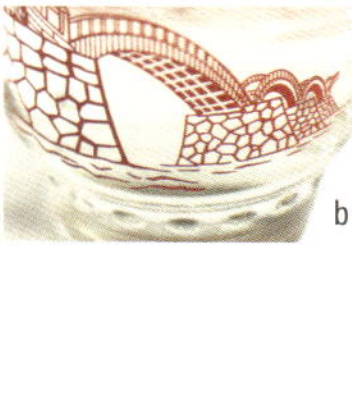
b

035 山口 Yamaguchi

1.夏みかんドレッシング／りんごドレッシング（きららオーガニック・ライフ,各680円）酸味、塩分共に控えめのやさしい味。どちらも県特産の果物を使ったノンオイルドレッシング。果汁20％でフルーティー 2.からし粉（仲子進,78円）主に漬物に使う粉状のからし 3.はったい粉（丸世製粉,108円）全国で見られる、大麦を煎って粉にした栄養食。お湯で練って砂糖やきな粉と食した思い出がある人も 4.上撰 金冠黒松（村重酒造,348円）箱入りのちょっとかしこまったお酒。日本三名橋のひとつ、錦帯橋の上流5kmにある蔵元。原料の米や水は酒質に応じて使い分けるのだそう 5.上撰 金冠黒松 カップ（村重酒造,198円）黒松のカップ版。カップ酒の柄には全国津々浦々しみじみとした味わいがあり、コレクターが多いのも納得（a）6.上撰 五橋（酒井酒造,198円）5つ連なる錦帯橋がモチーフのお手軽酒。カップの下部に突起があり、酔っぱらっても滑らないようになっている。（b）酒井酒造さんも村重酒造さんも山口の代表的な蔵元。スーパーで見かけて、さらにおいしい日本酒を探すなら、ぜひ地元酒屋さんへ 7.餅とり粉（丸世製粉,128円）季節ごとの行事で頻繁に餅が登場する山口。餅とり粉やきな粉類が実に多い。ちなみに東京で丸い餅はあまり見ないが（私調べ2013年の正月、東京港区のとあるスーパーでは10銘柄中丸い餅はひとつのみ）山口では丸形以外考えられないくらいスタンダード 8.きな粉（丸世製粉,98円）きな粉も今風のもの、昔ながらのもの、様々なパッケージがある 9.安平麩（竹内食品,188円）型崩れしにくい肉まん型の麩。「そのままバター、ジャムを付けても」と書いてあるのでやってみた。薄くスライスしてクラッカーのように食べるのが新鮮で面白い。しかもヘルシー 10.とくぢみそ（とくぢ味噌,278円）非常になめらかな甘口の白味噌。私もファン 11.はぶ茶（鴻雪園,178円）西日本のスーパーで比較的よく見る、「ケツメイ

特

ひとめボレ！ 特撰ご当地パッケージ②

ディテールにホレ込んだ逸品を、集合写真から抜き出して、ピンでご紹介！

Column

特製 おだんごの粉 徳島

「おだんご」「ピンク色」「桜の花」をストライプにして組み合わせるとは！ おおらかで大胆なデザインもご当地パッケージの特徴。見る者を一瞬で幸せにさせる威力がある。スーパーの棚が楽しそうにキラキラと輝いていた（横関食糧工業,168円）。

夏みかんマーマレード 山口

滑るような、跳ねるような、伸びるような、音楽が聴こえてくるような書体。何といっても黒い背景という、最近の日本人が避けて通っている思い切った配色に賛辞を贈りたい（日本果実工業,260円）。

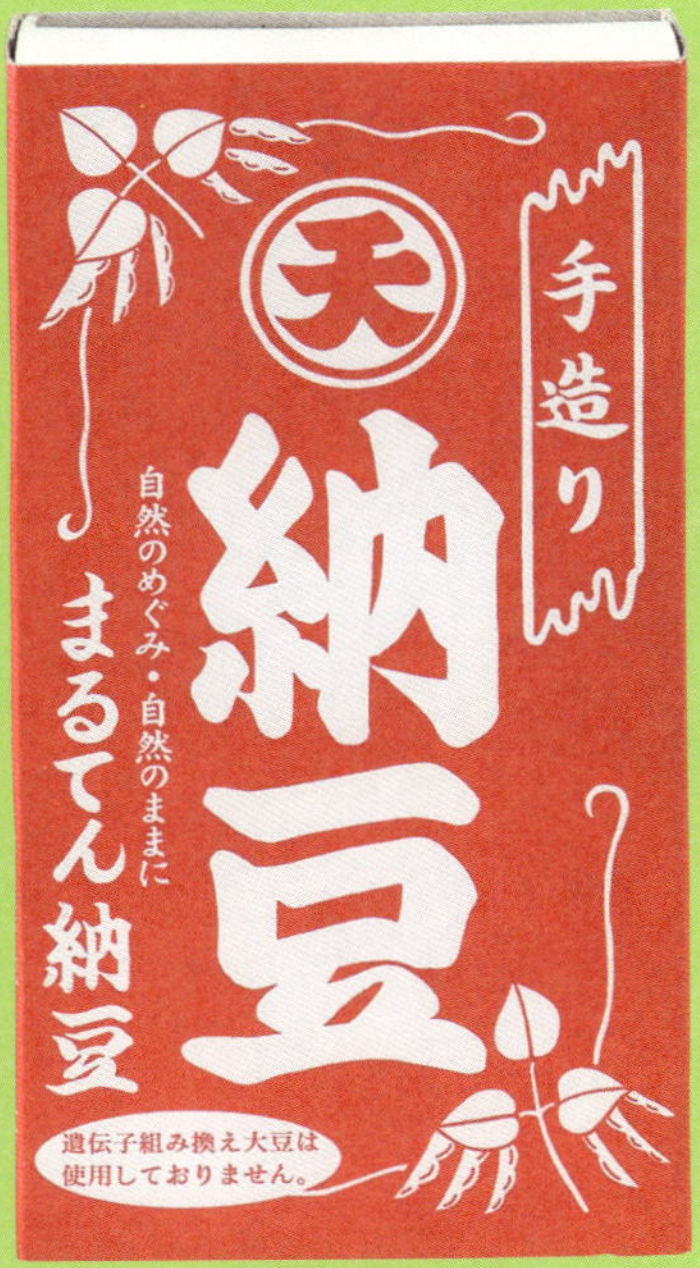

まるてん納豆 佐賀

素直でダイナミックな風体。箱入り納豆は昔、東京でも見かけたような気がするが、今回みつけたのは佐賀だけ。大きいマッチ箱のような仕組みに、綿々と受け継がれてきた「人の手間」を感じる。構造にホレることもある（天野食品,93円）。

平黒糖 沖縄

上下に並んでいる、小さい城門のイラストが愛らしい。ご当地パッケージの空間を埋めるものには、植物など自然のものが多いが、名所が描かれているものも少なくない。そこには地元愛が（金城黒糖,108円）。

復刻版（徳島製粉,98円）予想以上に甘く、だしの利いたソース……これは、ジャスト私好み！ もっと買ってくればよかったと本気で後悔 16.オサメソース お好み／ウスター（オサメソース,各298円）こってりフルーティーな「お好み」と、口当たりのよい「ウスター」。淡路産のタマネギに鳴門のにがり塩をブレンドして作られた、紛れもない徳島の味 17.金ちゃん 徳島らーめん（徳島製粉,128円）「ご飯のおかず」と称されるほど濃厚な徳島ラーメンがインスタントに 18.もろみの素（古庫商店,198円）醤油に浸し数日経てば、もろみの出来上がり。生野菜や豆腐の付け合わせに 19.かねこみそ（かねこみそ,198円）白目大豆100%（「へそ」の部分が白く、味噌の色がきれいに仕上がる大豆）のご家庭味噌

徳島のおすすめスーパー

キョーエイ（二軒屋店）

1階が駐車場、2階が売り場。徳島産が多く地産地消商品の取り扱いに積極的。

036 徳島 Tokushima

1.本場 鳴門糸わかめ（八百秀,268円）徳島県民の食卓に欠かせない細めのわかめは、潮の流れが激しい鳴門海峡育ちだからコシがある。色も美しい 2.鳴門 糸わかめ（三田商店,498円）糸わかめ類はパッケージも秀逸 3.味付のり（大野海苔,378円）近隣の県でも必ず見かけた徳島モノの鉄板。スーパーの店員さんに買うべき県産のものを訊ねたところ、まずこれを挙げた（詳しくは後半解説ページで）4.青とうがらし味噌（八百秀,498円）甘いものが大好きな徳島人でも辛いものを食べるときは食べる。かなり辛いが、甘味もしっかりあり 5.にごり原酒（日新酒類,228円）甘く飲みやすい濁り酒。ひょうたんのシルエットが愛らしい 6.すだち酎（日新酒類,838円）特産のすだちは酒類との相性良し。ラベルの裏にも注目（a）徳島産を見分けるなら「阿波」の表記を探すこと 7.麦菓子（福多製菓,198円）砂糖と生姜がまぶされた、カリッと固めのクッキー 8.柏餅粉（横関食糧工業,458円）裏面では柏餅の作り方を詳しく解説。もちろんそれ以外のどんな餅にも 9.うぐいす粉（横関食糧工業,78円）見た目も麗しい青大豆の粉。風味も素晴らしい 10.カガヤソース お好み焼（加賀谷醤油,298円）お好み焼き用のウスターソース、お得用。かなり甘め 11.金ちゃんヌードル（徳島製粉,128円）「徳島になくてはならないもの」と言い切られたが、他府県人の私だってそう思う。昔ながらの飽きない味、親近感MAXのルックス 12.金ちゃんヌードル ちゃんぽん（徳島製粉,128円）あっさり塩味のちゃんぽん 13.ふしめん（愛晃,128円）ふしめんは麺を延ばすときにできる端の部分。従ってコシが強く歯応えも抜群 14.特製 おだんごの粉（横関食糧工業,168円）愛らしさに一瞬息が止まった 15.金ちゃん 焼きそば

a

（ふじや薬品,40円）昔から変わらないであろうパッケージ。お菓子作り用の「ふくらし粉」**13.あかちゅう 中屋味噌**（中屋醸造所,187円）味わい深い赤味噌。香川のスーパーの味噌の棚には、白、赤、合わせ、麦と、バランスよく様々な種類が並ぶ **14.中屋味噌 つぶ**（中屋醸造所,187円）麹の粒の存在感ごろごろ、鯖の味噌煮にいかにも合いそうな味噌 **15.キンピラ用たくあん**（マルカ食品,198円）余って古くなったたくあんの塩を抜いて、油で炒めて味を付ける郷土料理がある。で、家に余ったたくあんがなくても、このようにきんぴら専用の、最初から酸味と塩気の強い最初から古漬け風味のたくあんが売ってます。初めて作ってみたけどなかなかイケる。お弁当のおかずに嬉しい

a

香川のおすすめスーパー

マルナカ（サンポート店）
香川最大のチェーンで近県にも進出。高松駅から徒歩圏。

037 香川 Kagawa

1 2 3 4 5 6 7

1.讃岐うどん（石丸製麺,398円）ご存知のように「うどん県」となることを宣言した香川県。私も数年前に地元の友人に案内してもらい、山間のうどんを食べに行ったことがある。何軒ハシゴしても飽きることはなく、うどんの底力に驚いた。スーパーにも、うどんは溢れんばかり。ピンときたものを買ってみたが、コシといい味といい、関東のスーパーではなかなか出会えない **2.濃口醤油／うどん醤油**（鎌田醤油,187円／248円）あちこちで見られる日本のめんつゆのスタンダード。間違いのないウマさ **3.銭形**（川鶴酒造,147円）スッキリとしたご家庭カップ酒。ラベルは江戸時代の穴空き貨幣、寛永通宝。香川には直径100mもある寛永通宝の砂のオブジェがあることで知られている。が、商店街で今も寛永通宝が使えるところがあることはあまり知られていない（2011年現在）**4.瀬戸の百景**（さぬき市SA公社,1050円）お酒コーナーの一角で目に飛び込んできた鮮やかなラベル。香川産デラウェアを主体に作られた、非常に軽やかなワイン（a）**5.島の光**（小豆島手延素麺協同組合,298円）小豆島のそうめん。華やかなラベル **6.デラックス もろみ**（丸金食品,105円）ゴマが香る甘い味噌。袋裏にはご飯、野菜、焼魚に、とあり。たしかに白身の焼魚に合いそう **7.黒川のしょうゆ豆**（黒川加工食品,178円）知らなかった香川の特産。あるスーパーでは7種も。そら豆を焙煎して砂糖醤油に漬け込んだもの。口の中でほろっと崩れる、見た目よりも味は繊細 **8.おでんのたれ からしみそ／田楽みそ**（ハイスキー食品工業,各218円）どちらも甘味の強い味噌。おでんに味噌を付ける人は四国全体で多い **9.うどんつゆ**（鎌田醤油,788円）かけうどん用のだし醤油。なるほどだしの風味満点 **10.イヅツの白みそ**（イヅツみそ,378円）塩味もしっかり感じる甘い米味噌 **11.さぬき白味噌**（中屋醸造所,187円）朱色のお椀のデザインが愛らしい白味噌 **12.純良タンサン**

発展の歴史を思わせるモチーフをデザイン 14.松山あげ（程野商店,小138円／大208円）パリパリのお揚げ。このままカットして、味噌汁や鍋物などに入れる。初めて知ったがその手軽さと、気泡がプチプチ弾けるような食感にすっかりトリコに。もとから割れているものもあり。創業明治15年 15.クロレラピーナツせんべい（町田製菓,128円）ピーナツが香り立つ、ほんのり甘い素朴なせんべい 16.栗ボーロ（正岡製菓,208円）やわらかな口当たり、渋めのお茶がよく似合う 17.生姜砂糖漬（マルサ製菓,350円）ふんだんなザラメ砂糖に、ピリリと辛い干し生姜のバランスが絶妙。いつかどこかで食べた味

a

愛媛のおすすめスーパー

フジ（フジグラン松山）
訪れたスーパーの中では全国で最も活気があり、華もある。品揃えも文句なし。

スーパー ABC（空港店）
どのスーパーにも似ていない、独特の空気を持つ店舗。4割は日用雑貨。

038 愛媛 Ehime

1.らくれん牛乳（四国乳業,80円）地元の給食ではおなじみの牛乳 2.栗甘露煮（大森産業,448円）おせち料理などに使う甘露煮 3.ポンジュース（えひめ飲料,128円）「蛇口から出てくる」というのは愛媛のギャグ遺産に登録されている（うそ）。とはいえ、給食では週に1度は出てきた、休み時間にも出たと様々な証言が飛び出すくらいポピュラーなジュース。もらうことが多いので自分で買ったことがない、という人も 4.成分無調整牛乳（セブンスター ,188円）モダンアートのような趣のあるデザイン 5.フジしょうゆ 淡口／濃口（フジ,二ノ宮醸造,各160円）フジの印象的なロゴがよく目立つ、ご家庭醤油 6.勝山麸（山田製麸所,108円）輪切りにして使う細長い麸。これに限らず愛媛には様々な種類の麸が存在する 7.矢野の甘口味噌（矢野味噌,390円）麦の粒が残る甘めの麦味噌。とあるスーパーで数えてみたところ、麦味噌だけでなんと12種類。やはり食卓にあがるのも麦味噌が圧倒的に多いそう 8.だんご粉（マエダ,298円）だんごを三角錐の形に作り、お墓参りに持参することもあると聞いた 9.きなこ（マエダ,150円）スタンダードなきな粉。袋裏の調理例に「味噌汁に茶さじ一杯入れると風味が引き立つ」とあり 10.カタリナ漬 じゅういっ菜（カタリナフード工房,500円）聖カタリナ女子短大の卒業生が、伝統継承のために設立した工房で作っている醤油漬。切り干し大根に味がしみていておいしい 11.白玉粉（マエダ,148円）迫力の手描き文字。全国で手に入る白玉粉は、日持ちがよく頼りになる保存食でもある 12.大判（エヒメ菓子,298円）大きな袋がよく目立つ、あっさりとした薄型せんべい。ストーブでちょっとあぶると甘味が増してよりおいしくなるのだとか 13.別子飴（別子飴本舗,315円）みかんやピーナツ、１袋に5種類の味。繊細な飴。とびきり愛らしい包み紙（a）の図案は、この飴の生産地である別子銅山（1973年に閉山）の

盗人 特選／辛口（福辰,525円／418円）濃厚な塩辛。マイルドな特選と、塩の利いた辛口。1瓶消費するまでかなりの時間（と酒）がかかるとか 15.マルサ醤油 さしみ（マルサ醤油,446円）濃いめのご家庭刺身醤油、淡いカラーリングが愛らしい 16.土佐鶴CUP（土佐鶴酒造,195円）17.司牡丹（司牡丹酒造,217円）たいていのスーパーで土佐鶴と共に並ぶご家庭酒 18.柚酢の粋（小松柚粋園,407円）高知のスーパーは本当に柚子製品が多い。実際よく食べるそうで、県外に住んでみて初めてその家庭内消費量の多さに気付くらしい 19.イワイの土佐番茶（岩井屋,441円）キシ豆（浜茶=豆科の植物）が入って香ばしい 20.栗甘露煮（旭食品,398円）関東産にはあまり出会えない甘露煮も、愛媛や高知は1年じゅう

高知のおすすめスーパー

サニーマート
（毎日屋大橋通り店）
トレードマークの「お茶碗と箸」が抜群に愛らしい。ひろめ市場の向かい側。

サンシャイン（リオ店）
高知駅徒歩圏。地産コーナーあり。整然として美しいスーパー。

039 高知 Kochi

1.中菓子（オオクラ製菓,158円）かじるとシュワッと溶ける不思議な食感。素朴な甘さ 2.土佐銘菓 ケンピ（オオクラ製菓,158円）ケンピは小麦粉をカラリと焼いた高知県の郷土菓子で、芋けんぴとは別のもの。高知は酒飲みが多いからか、こってり甘めの菓子にはあまり出会えない。パッケージに「土佐」とあればすなわち高知産 3.ミレービスケット（野村煎豆加工店,218円）じわじわと全国区になりつつあるご当地お菓子、ミレー。さくさく軽く塩味と甘味のバランスが絶妙、止まらないビスケット。その昔、高知県人が映画館で食べるのは、ポップコーンではなくダントツでミレーだったそう 4.純むぎ茶（岩井屋,179円）全国的に麦茶には魅力的なパッケージが多い 5.低脂肪乳（サンシャイン,148円）まるで雑誌の広告のように整然としたルックス。美しい 6.さかわの地乳（ぢちち）／地乳あいす（吉本乳業／横畠和夫,288円／ 210円）ひと味違う土佐のローカルミルク。シンプルだけど力強いデザインは、地元デザイナー迫田司さんによるもの。アイスも高知名物アイスクリンのようにスッキリしておいしい 7.玉あられ（玉屋,315円）炭火で煎った香ばしいあられ 8.リープル（ひまわり乳業,60円）高知県人が懐かしそうに思い出す地元の味は、甘くてほんのり酸っぱい乳酸菌飲料 9.ひまわりコーヒー（ひまわり乳業,55円）リープルと同じく郷愁をかきたてる昔ながらの味。高知人が全国区だと信じていたもののひとつ 10.土佐鶴（土佐鶴酒造,小368円,大338円）非常に一般的な地酒。結婚式ではこれを熱燗で飲まされることが多いそう。大きいほうのビンにのみ刷られている「日本國土佐」にシビレる 11.けずり粉（森田鰹節,135円）粉末の鰹節。さすが高知は削り節の種類も豊富だった 12.かつお新節削り（竹内商店,198円）かけらが大きめで見栄えよく、色のきれいな削り節 13.あおさ粉（森田鰹節,138円）粉ものに欠かせない青のりの粉 14.土佐珍味 酒

大麦に醤油を加え熟成。ご飯に、生野菜にぴったり。インパクトのある名前は一度見たら忘れない 12.上みそ煎餅（三友堂製菓,198円）想像以上に味噌の風味が強い、軽いせんべい 13.博多GOLDEN しょうがゆ／あめゆ（シンセイ商事鳥土本舗,各178円）冬はお湯で溶いて、夏は冷めたら冷蔵庫で冷やして。喉の調子が今ひとつのときに効く 14.白糸（白糸酒造,1223円）あっさりめのご家庭酒。私が巡った5～6軒のスーパーには、なぜか福岡の地酒をあまり見かけなかった 15.堅パン（スピナ,各168円）上の茶色のパッケージが胚芽入り。……ううっ、堅い。名前の通り本当に堅い。でも口の中でほろっと崩れて軟らかくなる瞬間がおいしい。素朴だがあとを引く 16.ゆず酢みそ／からし酢みそ（鶴味噌醸造,各178円）大量に積まれたコンニャクコーナーの側には必ずこの味噌が 17.酢みそ（ニビシ醤油,198円）そしてこの味噌も。タコやネギと和えるのに使われることも多い

福岡のおすすめスーパー

にしてつストア
（レガネット天神）
天神駅直結、便利で買物しやすい。どちらかというと県外のものが豊富。

ニューヨークストア
（住吉店）
インテリアは黒を基調、シックで居心地が良い。エプロンやカゴも素敵。

040 福岡 Fukuoka

a

1.たたきたら（西昆,448円）主に東北でよく見た乾燥鱈。水煮のあと、酢醤油で、あるいは煮付けて **2.むし大根**（三徳商事,150円）南に行くにつれ多くなっていく切り干し大根。むし大根という名称は初めて聞く **3.万能中華スープ**（丸三食品,5袋178円）よく見ると平べったい固形状のスープ。顆粒よりも分量を計りやすい **4.二◯加煎餅**（東雲堂,400円）ご存知福岡銘菓、郷土芸能「博多仁和加」を踊るときのアイマスクがモチーフ(a)。小麦粉と玉子のサクサクとした甘いせんべい **5.棒ラーメン 辛子高菜風味／屋台**（マルタイ,各118円）後述のマルタイラーメンの兄弟分。スープはこってりしっかりの博多風。これに細麺がよく合う **6.特級うまくち**（ニビシ醤油,298円）本醸造の甘い濃い口醤油 **7.くるま麩**（魚住商店,98円）もちろん九州各地でも生産されている麩。純和風なパッケージの裏には、フレンチトーストのようにして食す提案も **8.マルタイラーメン**（マルタイ,118円）今や全国で手に入る、福岡のソウルフード。真っすぐじゃないとラーメンのような気がしないと言う人も多い。夏は冷やし中華にしてもイケるのだとか **9.鶏卵落花生せんべい**（三友堂製菓,198円）落花生が香る、昔ながらのほんのり甘いせんべい。裏面のポエムがいい（b）**10.しるこ**（マルタイ,138円）存在は知ってたけど初めて食べた。お菓子のようにお手軽。でも海外に長くいたら懐かしくなりそうな味 **11.しょんしょん**（マルヱ醤油,248円）近隣の県でよく見た、甘いもろみ味噌。大豆と

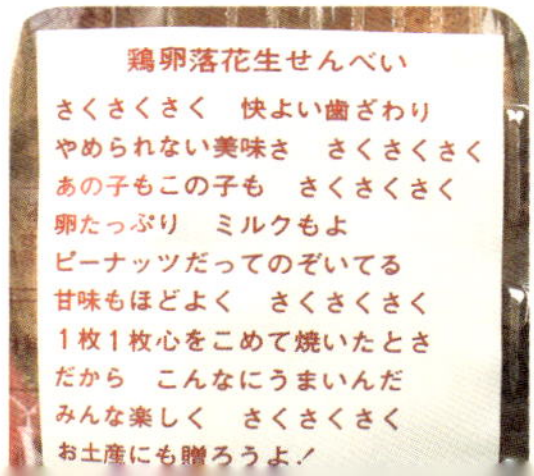

b

食品,93円）県民がこの納豆を語るとき「箱にくっつく」とか「ひとり分にしては微妙な多さ」と言いながらもかわいくてしょうがないと思っている様子が伺える **15.りんご酢**（サガ・ビネガー ,980円）東北のものと比べるとシャープな風味。生のリンゴを丸ごと原料に12ヶ月間発酵、熟成させた醸造リンゴ酢 **16.逸口香［いっこうこう］**（楠田製菓,630円）外がパリッと堅く、中が空洞で黒糖の色が付いているちょっと変わった菓子。素朴な小麦の味。1800年代中盤に、上流家庭のオヤツとして親しまれていたものだそう。空洞を潰さぬよう「縦にしないでください」との注意書きを守り、まるでお姫様でも運ぶように気を遣って東京まで持ってきた。長崎の「一口香」はひと回り小さく、やわらかめ **17.純米酢**（サガ・ビネガー ,580円）米だけを使った味わい深い純米酢。ウマい

佐賀のおすすめスーパー

アルタ（新栄店）
散歩気分で佐賀駅から歩ける。佐賀県産のものが多くみつかる。

あんくる夢市場（佐賀本店）
酒類非常に充実で、食品と酒類の陳列が別、会計も別。佐賀駅からはバス利用。

041 佐賀 Saga

1.徳永飴（元祖徳永飴総本舗,420円）粘りの強い麦芽水飴が原料の飴。歴史ある伝統的な飴で、料亭が隠し味に使うことも 2.のりふりかけ（三福海苔,557円）海苔とゴマの風味満点、ほんのり甘いふりかけ 3.伊之助めん（左から）細うどん／ひやむぎ／うどん（伊之助製麺,178円／158円／178円）約320年前のある出来事がルーツの麺類（詳しくは解説ページにて）4.出し昆布（重富商店,398円）まず驚いたのが昆布の大きさ。出し昆布は名前の通り、主にだしをとるための昆布で、右の野菜昆布はやわらかく煮てそのものを食べるための昆布、ということ。たしかに野菜昆布のほうが幅も狭く、触った感じがやわらかい 5.野菜昆布（重富商店,348円）昆布類はどれも商品名のデザインに存在感があるのが特徴 6.小城羊羹 白あん（中村屋羊羹本舗,280円）佐賀の羊羹の消費量は全国でもトップクラスとのこと。メーカーも、飽きない味を探る企業努力を怠らない 7.（左から）やきそばソース／ちゃんぽんスープ／うどんそばスープ（宮島醤油,118円／108円／93円）5袋ずつ入った使いやすいスープ 8.小城羊羹 抹茶（中村屋羊羹本舗,280円）9.天山（天山酒造,780円）天山と後述の芙蓉は佐賀の地酒メーカーの二大巨頭。佐賀はほぼ平野部なのだが、高い山と言えば天山で、「小中高の校歌にも出てくる」くらいの存在らしい 10.ハイフヨウ（田中酒造,168円）下のマドカップと共にちょっと辛めのご家庭酒。コレクター心をくすぐる純朴なデザイン 11.マドカップ（窓乃梅酒造,208円）こちらも私が見たカップ酒の中では屈指の愛らしさ 12.芙蓉（田中酒造,850円）創業なんと300年。ありがたみを感じる繊細で美しい風景のラベル 13.ばら 本醸造あまくち（宮島醤油,298円）一般的な甘口醤油。醤油のトレードマークには勇ましいものが多いが、優雅な薔薇とは珍しい。公式サイトの「走る副社長」コーナーが面白い 14.まるてん納豆（天野

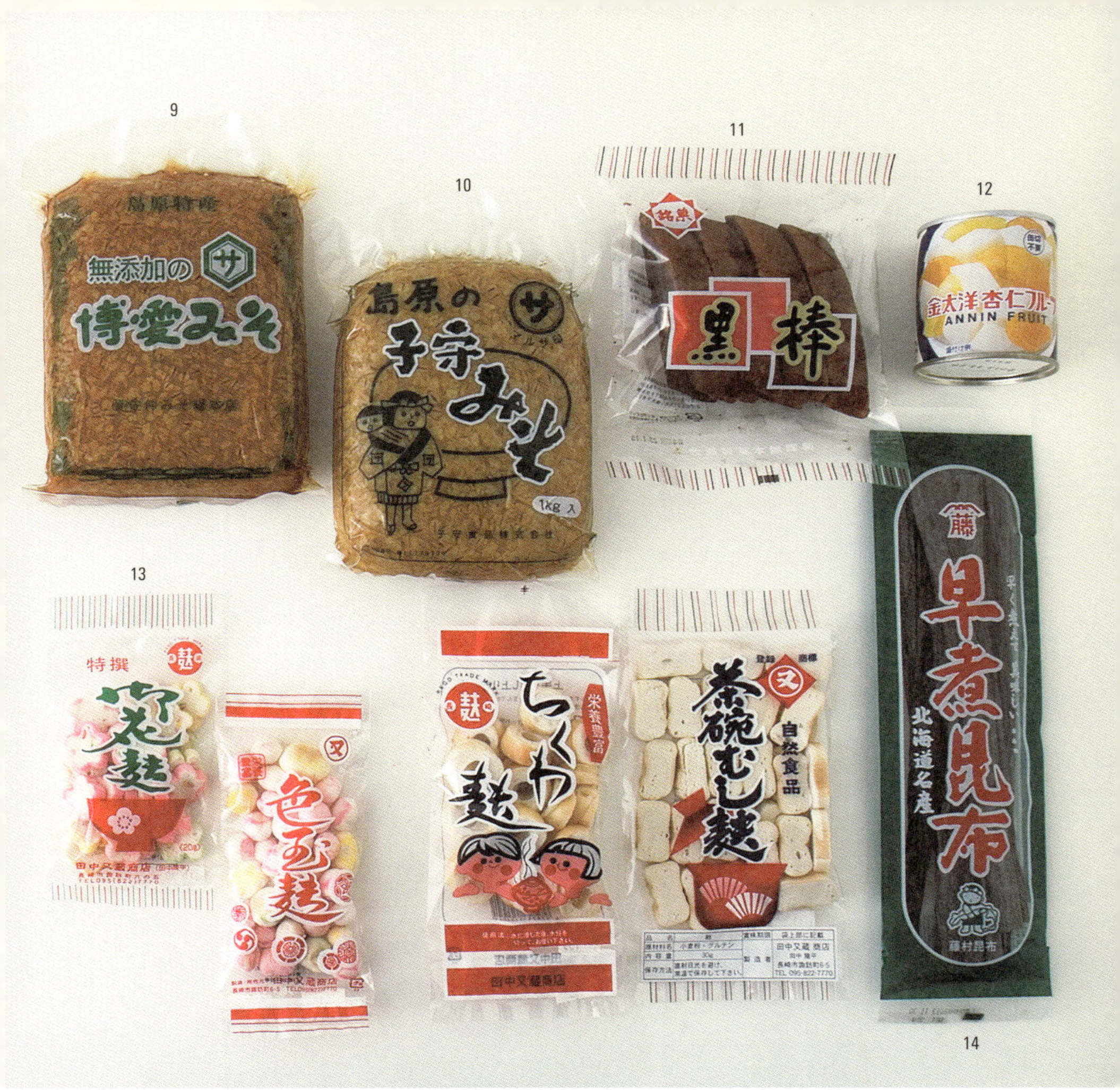

好みの時期に開封 10.子守みそ（子守食品,344円）長年親しまれている麦味噌。今回は出会えなかったけど、同社の「田（でん）」シリーズのパッケージもモダンで素敵 11.黒棒（牧瀬製菓,118円）黒糖と小麦の甘さあっさりお菓子。やわらかいクッキーのよう。黒糖を使わない「白棒」もあり 12.金太洋杏仁フルーツ（太洋食品,130円）地元では昔からおなじみ、お盆に親族が集まったときなど、デザートやオヤツに食べるもの 13.御花麸／色玉麸／ちくわ麸／茶わんむし麸（田中又蔵商店,86円／茶わんむし麸のみ124円）ずらっと並んだカラフルでかわらしい麸。味噌汁の具が何もないときでも、こんな麸が浮かんでいたら嬉しくなる 14.早煮こんぶ（藤村昆布海産,208円）昆布巻きやおでんに使う昆布。だし用の昆布は他にあり

長崎のおすすめスーパー

Sマート（新大工店）
長崎駅から路面電車で、新大工町駅下車すぐ。シーボルトタウン地下にあり。

042 長崎 Nagasaki

1.チョーコー醤油 こいくち（チョーコー醤油,198円 ＊タイムサービス価格）地元でおなじみのチョーコー。こいくち醤油は一般的なお味 2.チョーコー醤油 うすくち／あまくち（チョーコー醤油,各278円）長崎ではあまくちがスタンダード。私は九州の甘い醤油が大好き 3.うに豆（藤田チェリー豆総本店,352円）ちょっと高いかなと思っても、それだけの味はある。お土産屋さんでも売られているが、おじちゃんたちが日頃焼酎のつまみにするもので、高級なものという感覚は地元ではないそう 4.手延べふしめん（浜崎製麺所,145円）五島名産のふしめんは、麺を引っぱって切り落とした端っこ。よって、コシが違う。味噌汁の具になることもあるそう 5.いりこ（長崎海産,198円）煮干しの呼び方もいろいろあるが、長崎では「いりこ」。文字がたまらなくキュート 6.一口香［いっこうこう］（牧瀬製菓,168円）佐賀で紹介した「逸口香」とは似て非なるもの。長崎のスーパーで見る一口香はひと回り小型、逸口香ほどの空洞もなく、中には黒糖の餡が包まれている。皮が素朴でほんのり甘い 7.特製ちゃんぽんスープ（五島製麺,40円）豚ベースのだしが利いている塩味スープは、長崎の家庭の味の決定版。県外人が想像する以上に、家庭でちゃんぽんが作られている長崎。しかし毎度豚骨でていねいにスープをとって……などというのは難しいので、このスープの出番。帰省するたびに大量購入するも、長崎人の悩みは「麺」。やはり専用の生麺が最も合うのだとか 8.長崎チャーメン（白雪食品,88円）パリパリと香ばしく、デリケートな堅麺。88円のチャーメンのために、300円の持ち帰り用保存容器を買った私。肉や野菜を炒めてとろっとさせた餡をかけていただきます 9.博愛みそ（佐仲みそ総本店,258円）麦の粒がそのまま残る甘口の味噌。味噌汁にする場合、漉す派と漉さない派にはっきり分かれる。買ってからも発酵し続けるので、色合いを見ながら

は多い **14.御飯の友**（フタバ,218円）熊本でふりかけと言えばこれ。炒り粉と青のりのいい香り。なるほど飽きない味。ビン状の大きなサイズをストックしているご家庭は多いそう。近県ではくまモンバージョン **15.五木そば**（五木食品,198円）九州のスーパーで見るそばのほとんどが五木のもの。安心のウマさ **16.金山 米みそ**（金山本店,278円）甘くてなめらかな米味噌 **17.ロン龍**（日の出製粉,128円）1人前の乾ラーメン。ニンニクの利いたスープがイケる。ラーメンでは他にアベックラーメン（2人分）もおすすめ **18.はぶ草茶**（安永商会,263円）いくつかの県でハブ茶を買ってみたが、香ばしさ、苦みはお茶よりもコーヒーに近い気がする。パッケージは全国共通でオリエンタル

熊本のおすすめスーパー

フーディワン（浜線店）

ハレの雰囲気に満ちたキラキラしたスーパー。店員さんも実に親切である。

スーパーストアダイノブ（萩原店）

中規模庶民派スーパー。こちらも店員さんの対応が素晴らしかった。

043

熊本

Kumamoto

1.ごましお [白]（フタバ,78円）黒ゴマとはまた違う、軽やかな風味のふりかけ **2.流しかん天 緑／赤**（高森興産,各128円）九州のほとんどのスーパーで見られた。プリッと固い、歯応えのいいオヤツ。ほんのりメロンとイチゴのフレーバー。このままでもシンプルでいい。近隣他県ではくまモンバージョンのパッケージ多し **3.むぎ茶**（安永商会,243円）香りよし、迫力の枕サイズ **4.球磨焼酎 米**（恒松酒造本店,1480円）甘い香りのご家庭焼酎。こってりデザインの焼酎が多い中で、目に飛び込んで来たのがこれ **5.熊本ワイン デラウェア**（熊本ワイン,1376円）品のあるラベル。キャップを開けるとデラウウェアそのものの香りが。スッキリと飲みやすい、和食に合う辛口 **6.ご汁の素**（マルキン食品,118円）きな粉に似ているがもっとナマな風味、味噌や豆腐を加えて味噌汁のようにして飲む昔ながらの栄養食。熊本だけではなく実は日本各地にあるらしい **7.マルメイ ナポリタン**（高森興産,68円）初めて食べたけど、これ大好き！ 思ったより甘味とコクがある。どんなおいしさかと言えば、無邪気な「給食の味」 **8.かめせん**（味屋製菓,99円）見た目の印象とは違う味。甘い醤油味で、食感はパリッというよりサクッ。九州では甘い甘いと書きまくっているが、私はそんな甘い食品が大好き **9.ASO MILK**（阿部牧場,大666円／小200円）味もデザインも世界に認められた、熊本が誇る阿蘇の牛乳。たしかに、味に深みがあっておいしい **10.うまくち**（山内本店,398円）ちょっと甘めの濃い口醤油 **11.おさしみ**（山内本店,428円）これこれ。このこってりと甘い醤油を刺身に付けて食す瞬間、ああ南に来たのだと思える **12.関の揚**（南関食品,198円）カラッと揚がった、このまま使える便利なお揚げ。愛媛で紹介した「松山あげ」より油分を含んでいる **13.らくのうマザーズ 大阿蘇牛乳**（熊本県酪農業協同組合連合会,105円）乳製品は絶対マザーズ、というファン

粉（マルミヤストア,98円）袋の文字のかわいらしさについ手が伸びた **15.iichiko**（三和酒類,470円）究極にシンプルなビン。情報盛りだくさんの広告に革命を起こしたのはこのメーカー **16.iichiko BAR Kabosu Liqueur**（三和酒類,880円）いいちこシリーズ、ほんのりかぼすが香る甘いリキュール。食後に気軽に飲んだり **17.フジジン 米みそ**（富士甚醤油,278円）米麹の甘味を感じるなめらかな味噌。大分で昔からなじみがある味噌醤油メーカーはフンドーキン、カニ、そしてフジジンの3つだそう **18.うすき味噌 あわせ**（可児醤油,468円）米と麦のまろやかな合わせ味噌。今まで米味噌しか縁がなかったけど、麦はおいしいと感じた

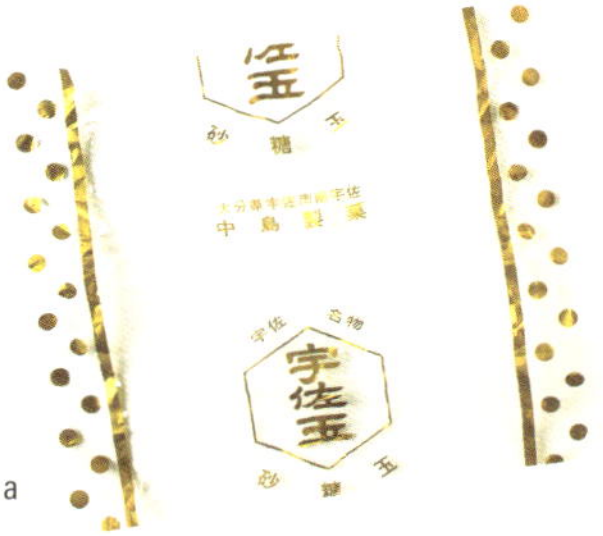

a

044 大分 Oita

1.やせうま（四井製麺工場,145円）幅の広いモチモチした麺。汁物に入れたり、茹でてからきな粉で食したり。スーパーのデリにもきな粉で和えたやせうまが普通に並んでいる。昔は当然手作りだったので、もっともっと幅広だったそう。語源は痩せた馬ではなく、平安時代、大分の片田舎に世を忍んで幼君と乳母の八瀬が住んでおり、幼君のオヤツにと作った麺がウマいと言われたことにある 2.カボスぽん酢（フンドーキン醤油,198円）甘酸っぱいポン酢。高知の柚子並に、大分にはかぼすものが多い 3.カニ醤油（可兒醤油,198円）カニというカタカナと響きが愛らしい、一般的な濃い口醤油 4.宇佐玉（中島製菓,228円）蜂蜜とニッキの白い玉と、黒糖の黒い玉。もし私が初めて日本に来た外国人で、初めて食べた日本の飴がこれだったら、絶対に包み紙は捨てない (a) 5.ゴールデン紫（フンドーキン醤油,268円）こちらも一般的な濃い口醤油。よりとろみを感じる 6.かぼす飴（中島製菓,198円）酸味ソフトなかぼすの飴 7.みどり 3.6牛乳（九州乳業,大148円／小98円）みどりブランドの乳製品は大分の定番 8.みどり デカ（九州乳業,中168円／小88円／大308円）濃厚な乳飲料。以前地元の人に「大分では牛乳のことをデカと言う」と教えられたのは、半分ウソで半分合ってた 9.西の関（萱島酒造,979円）ラベルの印象よりも軽やかで飲みやすい 10.八鹿 笑門（八鹿酒造,372円）西の関より若干辛口。おちょこが付いている 11.世界一（フンドーキン醤油,1050円）ちょっと高級な濃い口醤油。キリッと締まった風味。世界一大きな樽で3年熟成、その大きさは1リットルの醤油54万本分だそう！ 12.ひじき（山忠,188円）やはり手描きの書体には惹きつけるものがある 13.青柚子こしょう（フンドーキン醤油,298円）大分の青柚子こしょうは、いったん好きになると常備せずにはいられなくなる。私も焼き鳥に付けるのが大好き 14.パン

酢味噌の使いみちは、茹でたネギなどでぬたを作るくらいだろうか…… 10.アカエ 酢（赤江酢本舗,168円）迫力のラベル。一般的な醸造酒 11. 割干大根（宮崎竹田物産,199円）宮崎は国内でトップの干し大根生産量。宮崎の日光と乾燥した季節風は干し大根作りにぴったり 12.料理をいっそうおいしくする純米酢。（赤江酢本舗,298円）そのまま飲んでもすっきりさわやか。赤江酢本舗は県内随一の老舗酢屋。ラベルのデザインもユニークで目立つが、何よりキャップのゴールドがいい 13.米みそ（ヤマエ食品工業,278円）まろやかなご家庭米味噌。たくさんの宮崎の台所にストックされている様子が目に浮かぶ 14.麦みそ（ヤマエ食品工業,568円）ほんのり甘く、味わい深い麦味噌

宮崎のおすすめスーパー

フーデリー（青葉店）

地元民の多くが強烈におすすめするお店。品揃え、内装など、総合的に志の高いスーパー。

まつの（西池店）

小規模だが最新鋭のレジシステム。従業員さんの対応がとてもていねいで感動。

045 宮崎 Miyazaki

1.ほうじ茶（丸勝園,210円）雑味のない、いい香り。きれいなゴールドのパッケージ 2.ヨーグルッペ（南日本酪農協同,小85円／大228）甘酸っぱい琥珀色の乳酸飲料は、宮崎県民が故郷を思い出す味。私は初めて飲んだけど、懐かしい気持ちになるのがすぐにわかった。小さいパッケージはアップルフレーバー 3.スコール スコールウォーター／スコール マンゴー／スコール（南日本酪農協同,各98円）味はおそらく見た目の通り、宮崎生まれのさわやかな乳酸系清涼飲料。左から炭酸なしのスコール、マンゴーフレーバーの炭酸スコール、スタンダードな炭酸スコール。宮崎でこのスコールとヨーグルッペを置いていないスーパーを知らない 4.サンA みかんジュース（宮崎県農協果汁,98円）ロゴの羅列がユニークなパッケージに惹かれてカゴに入れた。オレンジじゃなくて、ちゃんと日本のみかんの味がするジュース。包装紙で包まれたような姿だが、これなら売り場でどう回転しても商品名が見えるのだ 5.せんぎり大根（宮崎経済連直販,168円）干した大根は宮崎の名産品。パッケージも素朴で惹きつけるものが多い 6.冷や汁（向栄食品工業,278円）ゴマと味噌がベース、ご飯にかける冷たいだし汁の素。キュウリやみょうがが、ネギを投入。毎年夏バテする私も、これがあれば食欲増進。冷や汁を食べないと1日が始まらないという宮崎人も多く、朝食のバイキングに提供するホテルも増えたそう 7.本格焼酎 名月（明石酒造,720円）喉にか〜っとくる本格焼酎 8.早川のはくちょう／あまくち さしみ（早川しょうゆみそ,270円／ 260円）「はくちょう」は淡い色の薄口醤油。「さしみ」は、九州ではおなじみ、こってり甘い濃い口醤油 9.早川の酢みそ（早川しょうゆみそ,990円）甘味の強い酢味噌。宮崎人は酢味噌が大好き、さらに大きなボトルもあり。うなぎの白焼きに酢みそをたっぷりかけることは、あるTV番組によって広く全国に知られてしまった。私にとって

す鹿児島とその周辺の郷土食。写真を見ると、とってもおいしそう 14.かんろ（キンコー醤油,298円）九州地方ではおなじみ、甘い濃い口醤油。スーパーのPOPには「焼いた餅に付けて」と書かれていたり。なるほど、合います 15.甘露（横山味噌醤油醸造店,347円）上に同じく。こちらの方がよりほんのちょっと甘い 16.米の粉（今和泉製粉,218円） 17.しょうが糖（山口製菓,208円）生姜風味のさっぱりとした黒糖。鹿児島のあるスーパーで数えたところ、同じような黒糖製品はなんと20種類！ 18.だんごの粉（今和泉製粉店,177円）リーズナブルな団子の粉。九州地方も、お団子などを手作りする家庭は多いそうだが、だんだん減ってきているのもまた事実。茹でたての手作り団子のおいしさは忘れ難い

鹿児島のおすすめスーパー

山形屋ストア（西田店）
初めて来たのになぜか懐かしさを感じる、温かみのあるスーパー。鹿児島駅徒歩圏。

046 鹿児島 Kagoshima

1.鹿児島茶 初みどり（お茶の沢田園,200円）香りの良い緑茶。実は鹿児島には茶畑が多い。鹿児島空港の周りをちょっと歩くとすぐわかる 2.焼そば（イシマル食品,98円）五目あんかけなどで食す堅麺。長崎の堅麺より細く、塩味が強い。中華風な龍のイラストが愛らしい 3.黒砂糖（平瀬製菓,158円）奄美群島・徳之島の黒砂糖。かけらも小さめで食べやすい。鹿児島のスーパーまで来ると、いよいよ南国感が高まる。パッケージには赤い色が使われ、黒砂糖の品揃えがぜん多くなる。ただ、黒砂糖を使った加工食品（かりんとうなど）には関東のものが多い 4.まるぼーろ（柿原製菓,188円）カステラとクッキーの間のようなお味。上品な甘さ 5.からいも飴（冨士屋製菓,160円）ウマい。もっと買えばよかった。軽く噛むとジュワジュワと細かい気泡がつぶれていく。この食感がたまらない 6.地酒（本坊酒造,588円）グイッといきませぬよう。こってりと甘い、みりん類似の調味料ですから。いい照りが出ます 7.さつま白波（薩摩酒造,410円）関東でも昔から知名度が高い、ビリッと辛口の本格焼酎 8.黒伊佐錦（大口酒造,420円）上に同じく。両方ともキャップがおちょこに 9.かねよ みそ 生（横山味噌醤油醸造店,318円）甘くて味わいの深い麦味噌。お椀のキャラクターも好感度高し 10.からいもでんぷん（今和泉製粉,145円）鹿児島らしい食材、さつまいものでんぷん。袋の裏には「ピーナツ豆腐」の作り方が。沖縄のジーマミー豆腐とほぼ同じ味のピーナツ豆腐は、沖縄や宮崎のスーパーでもよく見かける 11.本場 文旦漬（泰平食品,331円）鹿児島県特産、あくね文旦の甘〜い砂糖漬け。濃く出したお茶と合う 12.福山酢（伊達醸造,326円）このままでも飲みやすい米酢 13.きな粉（今和泉製粉,98円）裏面に「あく巻に絶対かかせないきな粉」とあり。あく巻とは、灰汁に漬けたもち米を竹の皮にくるんで炊いたもので、きな粉や砂糖で食

ージ 16.久米島の久米仙（久米島の久米仙,328円）か〜っとくる辛口米焼酎、30度。あと味はスッキリ 17.瑞泉（瑞泉酒造,328円）同じく30度、こちらがよりビリリ 18.平黒糖（金城黒糖,108円）板チョコのように平たい黒糖。好みの大きさに割って使う 19.粒黒糖（金城黒糖,95円）こちらは細かい粒状 20.アワセそば 平めん（アワセそば,96円）沖縄そばにぴったりの乾麺。なじみがあるのは細麺のほうだけど、こちらも食べ応えあり 21.アワセそば 細めん（アワセそば,127円）22.バターピー（丸茂食品,268円）泡盛のビンをリサイクルしていたため、沖縄では今もピーナツのほとんどがビン入り 23.菊之露（菊之露酒造,318円）ちょっとクセあり、宮古の焼酎。30度 24.ホーメル ビーフシチュー（沖縄ホーメル,257円）野菜がよく煮込まれクリーミー。アメリカのホーメル社と提携しているので、てっきり、元は（スパムのように）アメリカのものかと思ったら「沖縄生まれ沖縄育ち」だそう

沖縄のおすすめスーパー

ユニオン（赤嶺店）
店内にいると確実に覚えてしまうテーマソング「ユニオンですから〜♪」

サンエー（那覇メインプレイス店）
100＄までなら米＄使用可。セルフ梱包コーナー充実で、県外に発送しやすい。

沖縄 Okinawa

1.羽衣（沖縄製粉,177円）ご家庭での天ぷら、サーターアンダギー（沖縄のドーナツ）率が高いので、スーパーには小麦粉がずらり 2.さんぴん茶（あかつき茶業,338円）中国のジャスミンティーと同じ。さんぴんの語源はジャスミンティーの中国語、香辺（シャンピェン）から 3.シィクヮーサーしょうゆ（富村商事,537円）あちこちで柑橘×醤油を試したけど、これもウマい。刺身にも合いそう 4.宮平牛乳（宮平乳業,177円）コクがあり美味。実は沖縄の牛乳は1000ml、500mlとピッタリ入っているものは少ない。なぜなら、アメリカの単位、ガロンを基準にしているから（a）5.夢航海（忠孝酒造,137円）30度の焼酎ばかりの中で12度。とっても飲みやすく感じる。クセもない 6.王門（沖縄製粉,296円）こちらはパン向きの強力粉 7.じーまーみとうふ（まえさと,3コ152円）つきたての餅のような粘り、みたらしのような甘いタレ。ウマい 8.チョコドリンク（沖縄ポッカコーポレーション,98円）キンキンに冷やすが吉 9.久米島みそ（久米島みそ食品,456円）米・麦・大豆の混合味噌。沖縄の味噌は、本島、久米島、宮古島……とすべて味が違うので、地元の人は自分の故郷のものを買うらしい 10.黒糖菓子 タンナファクルー（まるひら製菓工場,198円）ふわっと香る黒糖。やわらかいクッキーのよう 11.かりんとう（玉木製菓,128円）歯応えのある白かりんとう 12.ヨネマース（与根製塩所,86円）安い。料理にも使うが、この塩、お清めや入浴剤代わりにバンバン使う人も 13.輪切り麸（かりゆし製麩,218円）麸は日本全国にあり。袋の裏面にはふーちゃんぷるーの作り方。いける！ 14.かめせん（玉木製菓,138円）見かけより軽くサクサク。沖縄で醤油せんべいが少ないのは、湿気やすいから 15.花さんぴん（あかつき茶業,158円）飾りたくなるパッケ

a

惜しくも本編でご紹介できなかったものが、約200点。選ぶ作業は楽しく、同時につらくもある。またいつか！

読む47都道府県

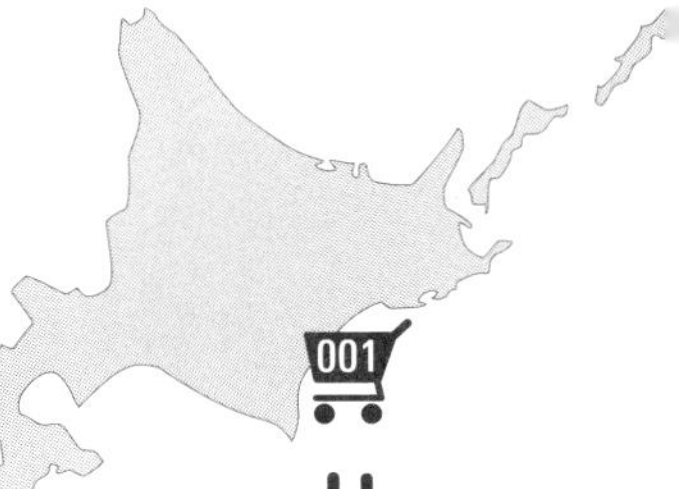

001

北海道

**咲かせ郷土愛！
他の追随を許さぬブランド力。
お土産はスーパーで。**

2012年の秋口から始めた、全国47都道府県スーパーマーケットラリー。北海道を皮切りにじりじりと南下して行く計画です。同年の春には、全国の展望タワーを巡るラリーも経験しているので、私にとってこの年2回り目となる全国行脚となりました。

まずは東京から千歳空港まで飛び、バスで一路札幌駅を目指し、なじみのさっぽろテレビ塔へ。うーん、何度見ても美しい。塔博士・内藤多仲《たちゅう》氏の設計、東京タワーや通天閣とは兄弟なのです。それはそれとして、塔からほど近いところに1軒目の「ラルズマート」札幌店あり。広くはないけれど、たいていのものは揃い、店員さんもキビキビ対応してくれてとても気持ちがいいのです。なによりここは環境が興味深い。「デパート」というより「百貨店」の呼び名がよく似合う、懐かしい趣のあるラルズプラザの地下にあり、訪れたときは催事場でたくさんの質屋さんが合同でイベントを開催。レジを出たところにはうどんとそばのカウンター。隣接して運勢占いも。もう、何というか、何でもアリの小宇宙!?

他には「LUCKY」山の手店、ここでは北海道産のものがとても多くみつかります。あとは「東光ストア」、札幌駅ESTA地下の「ホクレン グリーンコート」など。

さて「北海道産」とうたうだけでブランド力をアピールできるのは周知の事実。北海道……そのイメージは「遠くにあって、風光明媚、そしておいしいものがいっぱい」。おそらく1年じゅういつでも日本全国あちこちのスーパーで「北海道フェア」なるものが開催されているに違いないのですが、特筆すべきは地元でも「北海道フェア」が成り立っていること。……おそらく、東京で東京フェア、大阪で大阪フェアをやってもそれほどの集客力はないでしょう。

季節柄、北海道から東北のスーパーでよく目立っていたのは漬物グッズ。プラスチックの樽、同じくプラスチックの重石、そしてビニールの「漬物袋」。浅漬けなどは袋に入れ簡単に作るそうですが、やはり近所の人とのやり取りに必要不可欠とも。

また、昔からまとめ買いをする習慣があるためか、他府県の一般的なスーパーではあまり見かけないような、業務用大袋のコーナーもありました。「ふき水煮大袋680円」とか「福神漬け大袋900円」など。

スーパーのチラシ。
北海道は広いから、
「北海道フェア」が
成り立つということか…。

大きなものは持って帰りにくいので、どうしても小さなものに目が行ってしまいます。これはルックスも味も秀逸。イラストや色使いからひと目で道産とわかる**「ラーメンスープ」**(13)。大きな缶でも売っていますが、試しに小さな缶を買ってみてお気に入りの味を探ってみるのがいいかもしれません。味噌、醤油、塩味の中では塩がおすすめ。ラーメンに使わなくとも、さっとお湯に溶かして刻んだネギでも浮かべれば、満足度の高いスープがすぐできます。気温が低いと固まるので、ストーブの上で溶かして使うこともある、冬の風物詩的な調味料です。

北海道らしいパッケージなら**「カステーラ」**(5)。彫刻刀で切り込んだような書体が、まぎれもなく北海道です。ちょっとドライな食感なので、必ず一緒に飲み物が欲しくなるけど、そこをあえてグッとこらえ早食い競争する小学生もいるとかいないとか……。「カステーラ」を一般的なカステラだと思って、大人になってから文明堂あたりの水分量の多いカステラを知り、困惑する道民は少なくないそう。

「サッポロミニソフト」(18)は小さくて手軽でしかも安く、瞬間的に暖まる、北海道ではみんなが知っているお手軽焼酎。男子高校生が引き出しの奥に隠しておくものといえば、全国的にはアレと、北海道ではプラスしてコレだそうです。

「きびだんご」(20)も、北海道人にとって、なじみ深い昔ながらのお菓子。私もこのモチモチとした食感が大好きで、子供の頃はよく食べていたものです。ただ東京では岡山産のほうが有名でした(しかし岡山のスーパーでは一度も見かけないという怪現象が……)。

「豚丼のたれ」(12)がひとつあるといろいろ使えて本当に便利。甘塩っぱい醤油味で豚だけでなくどんな肉や野菜にも合う。コロッケなんかに垂らしても。

そして料理好きな方へ、このページのコメンテーターであるパラダイス山元さんからのおすすめを。それは**「函館こがね」**(15)。これだけ旨味が凝縮していてボリュームのあるさきいかは珍しく、水で戻して細かく刻み、餃子の具の隠し味にするなど、料理素材として十分使えるそうです。戻した水もだしが利いているので捨てずに活かせるし、パラダイスさんがいつも北海道で買って帰るもののひとつとのこと。おつまみコーナーにあるからといって侮れません。次の北海道旅行のお土産はスーパーで決まりでしょう。

スーパーの主、「青ゾイ」。
70cmくらい。初めて見た。

ご当地コメンテーターに聞け!

北海道出身 **パラダイス山元** さん

どんなに否定したくても、私は北海道民でした(過去完了形)。東京で暮らしている時間の方が長くなり、ようやく内地(本州)の人目線で、道産品を客観視できるようになりました。青函トンネルが開通して、地続きになったとはいえ、北海道には今なおツッコミどころ満載、独特のアイテムが豊富です。ジンギスカン、ラーメン、ススキノだけじゃないんだよと、おせっかいながらも力説したいです。北海道へ旅行すると、最後に新千歳空港でありきたりのお土産品をドバッと買ってしまいがちですが、ちょっとその前に、地元のスーパーに寄り道して"予算1万円"のお買い物ゲームを楽しんだほうが、なまら楽しいんでないかい!

Paradise Yamamoto:

札幌市生まれ グリーンランド国際サンタクロース協会 公認サンタクロース 日本代表、マンボミュージシャン、会員制高級紳士餃子レストラン「蔓餃苑」のオーナー、入浴剤ソムリエ。最新刊は『餃子の王様 最強レシピ』プレジデント社。

002 青森

元気のヒミツはリンゴだった?
さあ夏だ、さあ外で肉を焼け。
ライフスタイルは北欧テイスト。

北海道の札幌から夜行列車（いや、夜汽車と言いましょう）「はまなす」で青森へ。寝台の向かい側のおじさんは、私の姿を見るなりシャーッとカーテンを引き、着替え（衣擦れが聴こえる）、ビールを開け（チューハイかもしれない）、ツマミを食べつつ（たぶん）幸せそうにワンセグ視聴を始めた（笑い声が聴こえる）。私は街の灯りを見ながら、遅い駅弁の夕食。それぞれの過ごし方で正味7時間、夜は更け朝日が昇り、ああもう少し乗っていたい……というところで着いてしまうのが、狭い日本のありがたくも辛いところです。

雪にはまだ遠いけど、10月となればもう寒い。到着後、スーパー銭湯で暖まったあとに目指すは、津軽新城駅徒歩、白鳥が目印の地域密着型スーパー「マエダ」新城店。庶民的なスーパーであっても、東北ではとても広々として快適。それと「佐藤さん」が代々経営、地元の人々から親しまれている「佐藤長（さとちょう）」城東店、弘前駅徒歩。活気があり、県産品も多い。他、全部で4軒です。

どのスーパーでも目立つのが、樽や重石などの漬物用品と、青森特産であるリンゴを使った食品です。飲む「**りんご酢**」（7）は、「りんごジュースなら自分の家でも作っている」というりんご農家が多い青森で、りんご酢だけは作れないから店で買う、というもの。甘酸っぱくてキレがよい。私はもともと酸っぱいものが大好きなので、原液のままゴクゴクいけます。習慣的に飲みたくなる味です。「**りんごたまり**」（6）もりんご酢を加えて作られた醤油。ただ、それほどリンゴが表に出ているという印象はありません。言われてみればちょっと軽めで爽やかな……。何といっても黄色いリンゴのラベルが所有欲をそそります。そうそう、津軽あたりを走る電車から景色を眺めたときに目に入る大きな倉庫は、たいていがリンゴの倉庫だそうです。

所有欲をそそるパッケージといえば、「**バターせんべい**」（17）、学校から帰って、こんな愛らしいお菓子が食卓に置いてあったら嬉しいです。南部せんべいの進化系で、バターの脂っ気と塩気がプラスされ、食べ飽きない味になっています。

茶色っぽい水飴、「**津軽飴**」（8）はこのままでもよし、南部せんべいなどシンプルな味のせんべいに塗って食べるもよし。こってりとまとわりつく感じ……かと思ったら意外にもか

県民食「イギリストースト」。見ているそばからどんどん売れる。具はグラニュー糖とマーガリン。

マエダのチラシに載っていた4コマ漫画、なんと連載150回!季節にぴったりのリンゴネタ。

なりあっさり。これならトーストにも合います。

　青森だけでなく全国津々浦々で見かけたのが「**スタミナ源たれ**」（11）、「**焼き鳥のたれ**」（14）。なるほどニンニクと塩こしょうのバランスが絶妙で肉に合う！

　何を隠そう青森の人々はバーベキューが大好きで、夏になると隙あらば庭など野外で肉を焼いて食べるのだそう。冬が長く寒いので、他の地域からすると考えられないくらい夏の到来に喜びを感じ、人としてそれが極まった行為がバーベキューとのこと。北欧のライフスタイルに近いものを感じます。

　初めて食べたのが「**干餅**」（19）。工作用の板のような、あまり食べ物っぽくないルックスについ手が伸びてしまいました。このままかあるいは軽くあぶって食べる、餅を寒干しした食品です。そのままだとちょっとパサパサするので、焼いて食すのが初心者にはおすすめ。各家庭で作った干餅を軒に吊していた風景が目に浮かびます。

　そして青森のパッケージ賞は親子ペンギン印の「**ナット昆布**」（9）。コメンテーターの山内さんによれば、東北は寒くて悠長に話していると凍えるため、なんでも短く略す。だからなっとうではなくナット、と。同量の水を加え、ふっくらして粘りが出たところをいただきます。たしかに納豆のよう。解説には「きびしいテストに合格し南極越冬隊食品として採用されております」とあり。そのうんちくで100倍おいしく感じます。

　青森で有名なのがねぶた祭、日本が世界に誇る大祭です。山車の写真をプリントした食品も多数見かけます。「**リンゴジュース**」（1）と「**わかめ汁**」（5）は、もろに観光みやげっぽいルックスだけど、地元の人にも人気で、どこのスーパーにもあります。ねぶた祭の写真が付いたものでは、松前漬けに似た「ねぶた漬け」もおすすめです。

　ラベルの構成美にうっとりする日本酒「**白梅**」（10）。これがテーブルにあるだけで心躍ります。見た目の印象よりずっとクール、キリリと刺すようなおいしさ。お手軽カップ酒の「**関の井**」（2）、「**川桃**」（15）も、共通した爽快感を持つ日本酒です。青森の澄んだ空気を思い出しながら、どれか一杯飲もうかな。

ご当地コメンテーターに聞け！　青森県出身　**山内美香**さん

I ❤ 青森

南部せんべいの種類が多くてびっくりしましたか？　これは老若男女のオヤツとして昔から親しまれているものです。水飴を塗ったり、挟んだりして食べることもあります。実は同じ南部せんべいでも、津軽で焼いたものは「津軽せんべい」と言います。もともと藩が違いますから、こういう呼び分けは少なくないです。メンタリティも、津軽の人は城下町気質というか、ちょっと保守的かも。南部の人の方がオープンな印象です。気候が違うので産品も違うし。青森に戻って、素晴らしい食材が多いことに改めて気付きました。びっくりするほどクオリティの高い地産地消レストランもあるんですよ。

Mika Yamauchi:
編集・ライター・フードコーディネーター。東京で培った数々のノウハウを活かし、故郷青森で活動開始。女性向け、地域密着型のwebマガジンを2013年春から運営予定。

003 岩手

**スーパーは居心地のよいサロン？
食品棚の真っ赤な一角。
もっと全国に岩手の酒を！**

やってきました、岩手県。青森から盛岡だと、かなり暖かく感じます。どこかに出かけるとは雨であることが多い私にしては珍しく、滞在中は晴れ続き。天気がいいとガンガン歩けるからありがたい。毎度おなじみ、取材ルールのひとつとして頑に守っているのが「車は使わないこと」。免許は持っているのですが、基本的に公共交通と徒歩であちこち訪ね歩いています（たまに、どうしようもないときにタクシーを使います）。これは短期間で土地を感じるための、私なりの工夫です。電車で乗り合わせた高校生たちの他愛ない噂話、細い路地の壁に貼られた迷い猫の手描きポスター、漂ってくる夕飯の匂い。何気ないようで、これらすべてが重要なワンピースになります。そして免許のない人でも、なるべくスムーズに辿り着けるような場所にあるスーパーを選んでいます。

　さて盛岡で最初に目指したスーパーは「ＪＯＩＳ」本町店。ホテルから徒歩15分くらいなので、駅からは30分の計算です。都心循環バスの「でんでんむし号」という愛らしいバスも通っているけど、あえて徒歩で行きます。近くはないけど、天候に恵まれたし、アップダウンもないので歩きやすい。歩道もよく整備されていて幅が広く、岩手の好感度もアップします。小さな雑貨店やカフェに集まる若い人たちで賑わうキラキラしたエリアから、大きな裁判所や重厚な古いオフィスが連なる通りを経て、住宅地の中の静かな寺を横切り、スーパーに到着。周辺の植え込みはきれいに整備されていて、「盛岡市　都市景観賞」の盾も発見。

　東北など土地に余裕のある地域のスーパーには、たいてい自由に使えるイートインのコーナーがあって、友人と語らいながらレジを通したものをつまんでいる年配の人たちや、本を読んでいる人がいます。宿題をしている学生もいたりして、ちょっとしたサロンのような趣。私はこういう光景を眺めるのがなにより好きです。

　その次に向かったのは盛岡からひとつ目の仙北町駅「ＭＡＩＹＡ」仙北店。どちらかというとこちらのほうが県産のものが多くみつかりました。ＭＡＩＹＡは東日本大震災のあと、かなり早く仮店舗の営業を始めたスーパー。震災後に陸前高田の仮店舗を訪れたときは、立派な構えと品揃えにただ感服したも

スーパーで買ったマグロ丼と納豆。ホテルでの幸せなひととき。

のです。今回訪れたスーパーは他に「マルイチ」などがあります。

青森に続き、岩手でも「**南部せんべい**」(10、11)が売り場に山盛り。「南部地方」とはかつて南部氏の所領だった地域で、青森県南東部と岩手県中部・北部を指すことが多いそうです。

コメンテーターの吉田戦車さんの小学校時代、同級生の家が小さい〝南部せんべい店〟で、遊びに行くとはプレスしてハミ出た部分、いわゆる「耳」を食べさせてくれたそうですが、それがとてもおいしかったそうです。なんだか、想像できます。

「**雪っこ**」(8)はスーパーのお手軽カップ酒とは思えないおいしさ。吉田さん曰く「口当たりがいいのにアルコール度数が高い(20度)、いわゆる『ヤバイ酒』として愛飲している」そう。岩手にはいい日本酒が多いのに、東京では東北他県の酒ほど流通していないのが悔しい、とのこと。同感です。岩手駅には「岩手の日本酒カップ」という展示スペースがあって、一番目立つところに置いてあるのがこの「雪っこ」でした。

今回の取材で、日本のほぼ全県で生産されていることがわかったのが麸(他に醤油、味噌など)。昔ながらの魅力的なパッケージがとても多いことといったら、全国の麸についてだけで本が1冊できそうです。「**切いた麸**」(3)の文字デザインもしかり。歴史を背負ってきた揺るぎない完成度。しばらく眺めていても飽きません。また、麸の元となっている小麦ですが、一説によると岩手の「**南部小麦粉**」(14)は特に味わいが深く、パン屋さんに人気なのだとか。

生ものなので集合写真でご紹介できなかったのですが、どのスーパーでも他府県に比べかなりの面積を占めていたのが、キムチ。ご飯に、盛岡冷麺に、ご家庭にかなりキムチ食が浸透している模様です。盛岡冷麺の麺自体も乾麺ではなく生麺が多く、秀逸なデザインが多いのにお見せできず残念……。ところで盛岡冷麺は2000年に、讃岐うどんや長崎ちゃんぽん同様の地域の特産・名産品として公正取引委員会に認定されたそう。案外最近なのですね。

もうひとつおなじみの生ものは、青森でもよく見た「袋入りの豆腐」。とっても大きな絵の具のチューブのような形、どうしても食べたくてホテルで試してみたところ、ややプリッと固く歯応えがあり、ウマかったです(塩が合いますね)。こうやってスーパーで買ったものをホテルで食べるのも、取材旅行のちょっとした楽しみなのです。

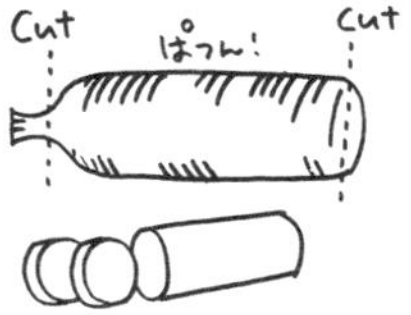

袋入りの豆腐。なぜかたいてい3コ1組。包丁で輪切りにします。

ご当地コメンテーターに聞け!　岩手県出身　**吉田戦車**さん

出身は岩手県南の奥州市水沢区です。藩でいえば伊達藩になります。「辛抱強く、無口で頑固で消極的、でも親切」みたいな県民性らしいですが、無口で消極的、は自分にもあてはまります。地元のスーパーで、冬休みにバイトをしたことがあります。親と一緒に買い物に来た同級生(女子)と言葉を交わすことなどもあり、妙にはりきって仕事したことを覚えています。父の好物なので、夏になると母がホヤをさばくことがありました。子供の頃は食べませんでしたが、今は好物に。キュウリ漬けはぬか漬けではなく塩漬けでした。今でも茶色く古漬けになったヤツを食べると郷愁を感じます。

Sensha Yoshida:
漫画家。妻は長野県出身の伊藤理佐。スーパーが好きなのに食材宅配のせいで自由に買えず不満がたまっている。近著は『まんが親』第2巻、『おかゆネコ』第1巻(共に小学館)。

東北のスーパーの一角に、ドーンと積まれた漬物用品。

004 宮城

名店の情熱に触れる喜び。宮城県人と醤油の関係やこれいかに。

さて、仙台。何かと用事があり、2年に1度はコンスタントに訪れている、とても身近な場所です（牛タンも大好き）。

巡ったスーパーは「ワコー」「ウジエ」そして「つかさ屋」。「つかさ屋」は仙台駅の近くに店舗がないので、東仙台駅からタクシーで向かいます（2メーター）。ホームページがなく謎に包まれているのですが、実は業界で注目され続けている名店です。アクセスがいいとは言えないけれど、それだけのことはあります。他では見かけなかった「地元宮城コーナー」がちゃんとあるのも嬉しい。注目すべきは担当者がしっかり吟味したことがわかる熱いPOP。商品のセレクトは日本にとどまらず海外からも。定番であり続けるものあり、どんどん入れ替わるものあり。壮観なのは醤油の品揃えでした。コメンテーターの大内さんの家族は断然醤油派で、冷蔵庫にはソースがないとキッパリ。揚げ物にも醤油。調べてみると、醤油の生産量・消費量において宮城県が特別に多いということはないのですが、店頭を見る限りは、圧倒的に醤油派が多そう。……だからというのもなんですが「醤油で味付けする」納豆の消費量は日本国内ではトップクラス。「仙台の納豆は小粒でおいしい」と、かの北大路魯山人が絶賛した記事も残っています。たしかに「**日の出納豆**」(12)のお味からすると、コストパフォーマンスの高さは特筆に値すると言えましょう。ところでこの納豆、ひょっとして東京でも見かけたりしませんか？実は世田谷に東京工場があるそうで、関東圏が広くカバーされていることがわかりました。

気になる、宮城県と醤油の関係……、これからも探っていきたいと思います。これだから、スーパーマーケットマニアはやめられない。

ご当地コメンテーターに聞け！　宮城県出身　**大内征** さん

宮城県の真ん中に位置する仙台市の、城下町の北側にある丘陵地帯の出身です。ここは青葉城の鬼門を守るために造られた「北山五山」がある場所。墓場や神域とされる場所でサッカーをしていたという、バチあたりな幼少時代でした。県民性は「頑固で保守的」「見栄っ張りでファイトに欠ける」ようです（笑）。「頑固」と「見栄っ張り」は当たっていますね。それでだいぶ“痛い”経験をしています。ファイトはあると思うんだけどなあ。東北全般に言われる、忍耐強さと情の厚さ、そこは当たっています。今もいろいろ我慢しているし、結果とか成果重視の世にあって、人柄やプロセスを重視しちゃうので！

Sei Ouchi:
ローカライズ プロダクション代表。「故郷・地方・地域社会・自然」をテーマにコンテンツプロデュースを行っています。自由大学では“ローカル”を身近に感じ行動する講義とプロジェクトを担当。

005 秋田

塩魚汁《しょっつる》は必ず台所に常備、冬はなまはげに会いに行く……って、どれも他府県民の思い込み？

秋田は私にとって初めての地。まったく知らない場所に行くと、「ここに住んでいたらどんな暮らしをしていたんだろう……」と、ふっと妄想に耽ることがあります。なんとなく胸をギュッと締めつけられるような気持ち。それは悪い心持ちではなく、人間として今までもこれからも、何通りもの生活がありえるものなのだなあ、という期待にも似たポジティブな感覚なのです。まあ、それはそれとして、それどころじゃなく、私は秋田で探していました。きりたんぽを！

近隣の青森、岩手、山形では普通にスーパーで売っていたきりたんぽ。故郷であるはずの秋田なのに、私が行ったどの店にもなかったのです。「この県には必ずやいっぱいあるだろう」と思っていたものが、行ってみると案外そうでもない」というケースは、ラリー10県目くらいで受け入れられるようになります。でもまだ秋田は最初のほう。うろたえた私は、店員さんはもちろん、コメンテーターの半田さん、いろいろな人に訊ねてみました。……で、私なりにまとめると、「きりたんぽはすでに郷土料理の殿堂入りを果たしており、そう頻繁には食卓に上らない（もともと囲炉裏で食べるものだし）。ただ、それほど難しくはないので作っているご家庭も多く、わざわざスーパーで買わない人も多い。売っていれば買う人はいるので、スーパーに並ぶ時期がたまたま他県より遅かっただけではないのか」と。なるほど、ちょっとスッキリ。

魚を発酵させて作る、薄い醤油のような調味料「塩魚汁《しょっつる》」もまた、秋田のスーパーの棚には何種類もずらりと並んでいると想像していました。なのに、最初に行ったスーパーには1種類しかなく、しかも品切れ。「県民の食卓が危機に！」と不安になり店員さんに訊ねたところ「ああ、明後日くらいに入りますよー」となんともつれないお返事。塩魚汁についても、ご家庭で毎日使うというのは、またもや完全なる思い込みでした。しかしこの塩魚汁、発酵ものが好きな私には気になる存在なのです。

半田さん曰く、「秋田人なのにきりたんぽをあまり食べないと言うと東京ではがっかりされるので、あまり言わないようにしている」とのこと。イメージを守るもの大変です。ついでに言うと、なまはげも見たことがないそう。あ、たしかにそれは残念かも（そう言えば東京の私

マタギの携帯食、バター餅。

の事務所付近には「なまはげエクスプレス」という店があり、なんと、きりたんぽ鍋をデリバリーしてくれます)。

秋田の家庭料理でメジャーなのは、芋の鍋。「芋の子汁」と呼ばれる醤油ベースの里芋鍋で、ポイントは最後にセリを散らすこと。関東のスーパーではあまり手に入らないから三つ葉で代用するそうですが、そんなとき秋田県人は、魂を売り渡したような、後ろめたい気持ちになるそうです。

逆に秋田のスーパーで初めて知ったものは、「**片栗めん**」(12)。麺に妙な存在感があって(密度が高い)太めでつるつるしています。乾麺と生麺を比べると、全般にどうしても乾麺が負けるけど、これはかなりいいセンいっていると思います。素材は名前の通り片栗粉……ではなく小麦の麺。なぜ片栗というかは、片栗のように白い色、にこだわっているからだそう。たしかに真っ白です。「**十和田ワイン**」(13)も、名前こそ知っていたものの飲んだのは初めて。今回は1種類しか飲んでいないのですが、酸味強め、山ぶどうのテイストがジャスト好みでした。山ぶどうやプラムを使うことが秋田のワインの特徴らしいので、酸っぱいもの好きの私としてはこれからもチェックしていく必要がありそうです。

それと、ダンゴや饅頭のコーナーにあった「バター餅」。秋田のマタギが猟のため森にこもるとき、カロリーの高い携帯食を持って行ったそうで、なかでもバターを混ぜ込んだ餅は固くならず、冬でも食べやすいので重宝したそうです。これまた餅好きバター好きとしては非常にそそられるので、猟には行かないけどオヤツに食べてみました。ヘビーなものかと思ったけど、意外にあっさりして食べやすい。食感は求肥のようで、携帯食というよりは、やっぱりオヤツでした。

さて、秋田で巡ったスーパーは「タカヤナギ・グランマート」「いとく」など。タカヤナギ・グランマート手形店は秋田駅から徒歩10分ほど。広く整然としていて、快適に買物できました。私が行ったときのBGMは「鉄腕アトム」。気分が上がります。しかも店内放送で、試食販売のことを「振る舞い」と言っていたのに品があって、印象に残っております(秋田のスーパーがみんなそう、というわけではありません)。カップ麺の種類が、他府県に比べて博物館のように充実。調べたところ、たしかに東北全体を見てもインスタント麺の消費量は高いほうでした。雪が積もったら外に出たくなくなるので、インスタント食品の需要があるのではという説も。個人的には、インスタントよりも、きりたんぽを食べていてほしいけど……(まだ言っている)。

ご当地コメンテーターに聞け!

秋田県出身 **半田彰子** さん

出身は南部の山間部にある湯沢市というところです。湯の沢、なのに有名な温泉はありません。よく新潟の湯沢と間違えられます。幼い頃は、母が近所のスーパーでレジ打ちのパートをしていました。覚えなければいけないことがたくさんあって、家で勉強していた姿を憶えています。寒い土地柄「辛抱強い」などと言われますが、そりゃそうですよ……冬場の雪かき。家、駐車場、職場、それぞれやってやっと始業。これを毎日ですから。いいところは「おおらか」で「マジメ」、それもうなずけます。あと「見栄っ張り」、これもおおいにあると思います。美容院が日本一多いというのも、そういう気質があるからかもしれません。

Akiko Handa:
雑誌や書籍、広告、webを中心に活動しているスチルカメラマン。ライフワークである「愛あるポートレート」を撮りつつ、最近は「巨大仏像写真家」を名乗り、日本各地の巨大仏像を撮り歩く日々。

006 山形

幻想の納豆帝国。
NOいも煮会、NO山形ライフ。
台所にある食べられるお守りって？

　電車を1回乗り換えて、秋田から山形の新庄駅までは約2時間。乗り物は何でも好きですが、やっぱり電車はいい。ぼんやりするにしろ、資料をまとめるにしろ、徹底的にくつろげて、徹底的に集中できます。不思議。

　ところで私は、1冊の本の取材メモのために、だいたい1冊のノートを使い切ります（この本については2冊）。時間が経つと忘れるので、乗りものの中で、立ち止まって、いろいろなところでなんでも書き留めていきます。初めて新庄駅に着いたときの印象をメモしたものを書き出してみると「初めて降りた駅を出て、ぱっと目に飛び込む光景。この瞬間のために旅行する」そうそう、たまりません。「新庄駅前、キレイで気持ちいい。……しかし、人がいない！　オブジェのある公園も、まるで火星年代記のよう」まあここまでにしておきましょう。ともかく、初めてのところに行ってみるというのは、気に入っている場所に再訪するのと同じか、それ以上の快感があります。

　さて子供の頃から、「あ、これおいしい！」と思って箱の裏を見てみると山形産だった、という経験が結構多かったので、初めてだけどずっと親しみを感じていました。たとえば、納豆。食い意地が張っているので、あれもこれも好きなものはいっぱいあるのですが、納豆は本当に好き！　世界から納豆がなくなったら生きる意味の2割くらいはなくなるんじゃないかと思うほど好きです。そんな私が、東京でもたまに見かけるのでずっと食べ続けているのが山形の「**雪割納豆**」（3）。納豆の旨味をブラックホールの様に凝縮した、完全なる保存食。納豆の味噌漬け、と言えば想像しやすいかもしれません。ご飯にちょっぴり乗せるだけでOK。味噌汁に入れればぐっと味わいが増すし、パンに付けてもイケる。もはや私にとってはなくてはならない常備食です。そして大人になってから、たまたま東京のスーパーで見つけた山形の「塩納豆」。コンブやだしの入った、さらさらと水っぽい納豆で、これまた抜群においしい。東京では安定供給されないので、私にとっては大事に大事に食べるものです。

　これらの納豆は、前ページの秋田のきりたんぽ同様、山形に行けば山ほど買えると思っていたのですが……店員さんの言うことに腰を抜かしそうになりました。「雪割納豆は（知ってい

秋はスーパーの「いも煮会サービス」合戦が激化。

るけど）仕入れていません」塩納豆に至っては「知りません」ですって〜!! これは由々しき事態。コメンテーターの森田さんに聞いてもさほど遠くない印象だったので、これはもう私の中で作り上げた「山形＝納豆帝国」の幻想だったようです。ひとつひとつ現実を知り大人になっていく私。いやもうこれ以上大人になりたくないのですが。

それと、この話も書かないわけにはいきません。「**くるま麸**」（10）はインパクト大の、一度見たら忘れない豪快なルックス。真ん中に空洞のある太いフランスパンをザクザク輪切りにした感じで、山形県人にはおなじみの食材です。しかし。森田さん曰く「あまり使用しない割にどの家の台所にも置いてある謎食材」と。お守り、オブジェ、その両方に当てはまる、もしものときの保存食的位置付けなのではないだろうか、とのこと。このたびの取材では日本全国で麸が生産されていることがわかり、毎日のように味見をしました。形状による味の差はほとんどなく、あらためて使ってみると案外料理しやすいし、腹にもたまる。汁気のある料理なら何にでも合う安心の素材。肉の代わりにすればダイエットにもなる。素晴らしい食品だということを実感したのです。それを知っていて、山形の人たちは、いざというときいつでもすぐ使えるように常備しているのではないかと……。

話変わって取材時は秋、山形名物「いも煮」のシーズンでした。私はやったことないけど、野外で鍋なんて、夏のバーベキューと同じくらい楽しそう。この時期スーパーでは、いも煮に必要な鍋の具材をお得な「いも煮セット」としてアピール。内容は里芋、豚肉、茸、ネギ、こんにゃく、ゴボウ、調味料などなど。これに合わせて、大きな鍋も当たり前のように貸し出しています。訪れた「ヤマザワ」新庄店、「スーパーおーばん」山形東店、共にチラシをよく見るとサービス競争が激化。セットを予約した人に鍋だけではなく、ゴザ、網、鉄板も貸し出し。梨をプレゼント。ポリタンク1個分の水をサービス！「いも煮会が終わったあとのゴミを引き取りに行きます！」なんてのも……。森田さんが今も山形から取り寄せるマルジュウ醤油も、いも煮には欠かせないだし入り醤油なのだそうです。そうそう、「ヤマザワ」も「おーばん」も制服のセンスが抜群で、私が見てきたスーパーの中ではトップクラス。いざというときに身に着けるなら、この2軒のどちらかのもの、と思っています。

＊ヤマザワさんの制服はP63

どの家の台所にも吊されている麸

ご当地コメンテーターに聞け！　山形県出身 **森田ゆき** さん

内陸の天童市の出身です。東京に山形の「味マルジュウ」という醤油がなくてショックでした。今でも実家から送ってもらっています。「働き者」とか「我慢強い」県民性だと言われているけど、それはタテマエです。けっこう腹黒い気がしますよ。京都の人と似ているかもです。そして、海側（庄内地方）の人たちは昔、京都とベニバナ貿易をやっていただけに「雅」「金持ち」なイメージがあります。「暗い」とも言われますが、花笠祭りとか花火大会の弾けっぷりを見る限り……他県の人の思い込みに過ぎないと思います。ただひとつ！　女の人は働き者!!　男の人がのんびりしているぶん、バリバリ働きます。共働きが普通です。

Yuki Morita:
漫画家。20代半ばで山形から上京。第19回コミックエッセイプチ大賞C賞受賞。著書は『30才、処女なのにエロ漫画描いてます。』（メディアファクトリー）処女歴も31年目に突入！

007 福島

のんびりゆったりの国で出会う、ぬくもりあるパッケージ。

だんだん東京に近付いてきました。訪れたのは、郡山の「ヨークベニマル」そして、須賀川の「リオン・ドール」など。ヨークベニマルは私も知ってた一大チェーンです。郡山市で創業して現在176店舗。郡山駅から徒歩15分ほど、酒が多いと聞いていた通り、たしかによりどりみどりです。日本酒やワインだけでなく、焼酎の量り売りもやっています（時折、店内放送で「お酒担当の方～、焼酎の量り売りをお願いしまーす」と聞こえてくる）。もう1軒のリオンドールは、元老舗チェーンの「ライオン堂」がオシャレなイメージに生まれ変わったところ。キャラクターは「幕末のジャンヌ・ダルク」と呼ばれる八重ちゃん。2013年正月からのドラマで急に世間に知られるようになり、びっくりしているかもしれません。須賀川駅からはちょっと歩きますが（20分くらい）商品はきれいに陳列され、通路は広く、なにより福島県産がいっぱいです。1軒しか行けないなら、ここをおススメします。

「**会津ほまれ**」（4）も「**大七**」（9、10）も福島では誰もが知っている庶民的なお酒。スーパーで会えるのは、リーズナブルなラインのごく一部のお酒です。会津ほまれの蔵元は広大な庭園を持ち、隣接するショップでは常時10種類以上を試飲できるし、蔵の見学もできるそうです。

パッケージのデザインならば「**手いり きな粉**」（7）が好感度大。本書でたびたび言及していますが、きな粉やはったい粉には、素朴で温かみのあるイラストや文字のものが多く見られます。昔ながらのメーカーが作り、ずっと買い続けている固定ファンがいる。そんな、作り手と買う側の関係がじわっと伝わってくるデザインなのです。

スーパーの行き帰り、スマホを懐中電灯代わりにする私。

ご当地コメンテーターに聞け！　福島県出身 **金澤茂樹**さん

福島県は意外と大きい県なんです。会津地方、中通り、浜通りと分かれていて、食文化や言葉はずいぶん違います。各地方に独特な文化が根付いていますが、どの地方にも共通するのが、日本酒の旨さ！　米と水が抜群に旨いですからね。本当の酒好きは酒屋さんに足を運びます。特に会津地方にはいい酒蔵がたくさんあるので、そこに直接買いに行くこともあります。水がいいと酒にうるさくなるのと同時に、お茶にもうるさくなります。暇があればお茶を飲んでいる人は本当に多いですから（笑）。福島の人たちはとっても穏やかだと思います。のんびり、ゆったり。それは僕にも当てはまります。

Shigeki Kanazawa:
ヘアサロンオーナー／スタイリスト。西新宿・十二社通りの名サロン「バランス」を経て渡独後、デュッセルドルフで「Mirage」をオープン。しかしその魂は今も福島にあり。

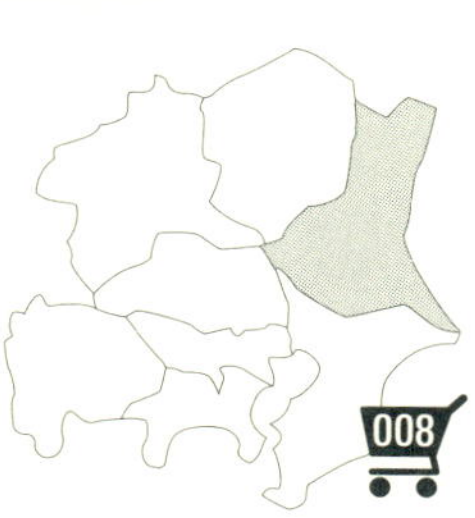

008

茨城

記憶に残る味ばかり。日本でただ1軒残るメーカーが作る、知る人ぞ知るヒミツのこんにゃく。

今まで渡航した国は約30カ国、あらゆる都市でスーパーマーケットをチェックしていますが、日本のスーパーに並んでいる食品の品質と味は、間違いなく世界のトップレベルだと思います。まず、とんでもなくまずいもの、質の悪いものはない。当たり前と言えばそうなのですが、いやもう、世界は広いので、びっくりするような食品もありますからね……（遠い目）。

そんな日本ですが、「特に茨城のものはおいしかった」と記憶にしっかりと残っています。同じ関東圏なのに、盲点でした。

東京からは通勤圏内のため、行き帰りは通勤電車の「フレッシュひたち」。9割以上がスーツの中で、ひとりスーパーの袋を下げている私……なかなかシュールです。

さて茨城で注目すべきものは2つ。まず「**きな粉**」（8）。まさに逸品と呼べる一品。味に間違いがないことは、商売気のないパッケージを見てピンときました。そして非常に珍しい茨城の特産品、気の遠くなるような手間をかけて作られる「**凍こんにゃく**」（7）。他の食材でたとえることは難しい独特の歯応えと、汁物を引き立てる淡白な風味。実はどちらも同じ中嶋商店さんのものです。公式サイトでは、凍こんにゃくができるまでの手間暇をわかりやすく解説。コメンテーターの小祝さんは子供の頃から凍こんにゃくをごく普通に煮物やまぜご飯にして食べていたそう。その経験、人生の財産です！

茨城で立ち寄ったのは「カスミ」「サンユーストアー」「かわねや」など。特に「かわねや」菅谷店は、大きすぎず、県産品が多く、従業員さんの対応が気持ちよい、総合的に満足度の高いスーパー。凍みこんにゃくをみつけたのもここ。新たなお気に入りを探しに、また行こう。

ご当地コメンテーターに聞け！　茨城県出身　**小祝誉士夫**さん

山側の最北端にある大子町の出身です。風光明媚かつ温泉のあるエリアで、有名なのは日本三名瀑の袋田の滝、奥久慈しゃも、それと八溝山でしょうか。よく言われる県民性が「熱しやすく冷めやすい」「怒りっぽい、忘れっぽい、飽きっぽい」。これは自分含め、とても当たっている気がします。最初だけ威勢はいいのですが、持続性がない、すぐに諦める……。しかし逆に言うと、気持ちの切り替えが早く、クヨクヨせずに前向きだということ！　現在は職業柄、海外マーケティングという視点で各国の消費トレンドを理解する仕事なので、海外出張先のスーパーの入念なチェックは欠かすことができません。

Yoshio Koiwai:
70ヵ国500人の海外日本人女性ネットワーク「ライフスタイル・リサーチャー」を運営するマーケティングリサーチの会社TNC代表。海外現地情報を様々な企画にアウトプットするのが得意。

009

栃木

県民の誇りはさわやかなレモンの香り。豊かなる野菜の王国では、塩分過多にご注意を。

茨城のスーパーが納豆まみれではなかったように、栃木のスーパーも餃子だらけということはありませんでした。しかし街にはマスコット像がいくつもあるし、宇都宮駅前の餃子屋はたしかにレベルが高かった！

　仕事で顔を合わせる人に、栃木出身者が多かったので勝手に親近感を感じていましたが、よく考えるともしかして……来てみたのは初めてかも。近いのに。

　訪れたスーパーは「かましん」カルナ駅前店、「フードオアシスオータニ」宇都宮東店、他に「ダイユー」「たいらや24」。フードオアシスオータニは宇都宮駅徒歩10分ほどの、黒が基調のちょっとおしゃれな内装です。しかもBGMはジャズ（全国でジャズがBGMだったのはここだけでした）。内装もちょっとアーティスティックで、なんとなく特別なスーパーに来ている、という気持ちに。かましんはもうちょっと歩くけど大きくて何でも揃い、老若男女で賑わっていました。4軒中2軒はショッピングバッグが有料で、どのスーパーもマイバッグを推奨。栃木に限らず全国的に広まっていて、どちらかというと大都会でないところの方が環境への取り組みは熱心な印象です。10年くらい前は私も海外でスーパーのショッピングバッグを集めたものですが、今や世界的にマイバッグ化がものすごいスピードで進んでいます。良いことです。

　さて栃木のスーパーで餃子関連よりもずっとよく見かけたのが、漬物そのものや、漬物のための調味料。もっと北のほうではよく見かけたのですが、栃木に来てまた増えた気がします。コメンテーターの石黒由紀子さんによると、栃木県民は塩辛いものが好物だそう。あまり知られていない「隠れた漬け物天国」とも。石黒さんの記憶によれば、全国で栃木の脳卒中率はワースト10の常連だったこともあり、その原因は、漬け物の食べ過ぎによる塩分過多だったとか。その栄養指導というか、県を挙げて「NO！　塩分過多」みたいなキャンペーンを張った時期があったのだそうです（もしかしたら県北だけだったかもですが）。私もいくつかスーパーの漬物を食べてみましたが、食べ過ぎる気持ちがわかる！　たとえばこけしが目印の「**しそ南ばん**」（8）。薬唐辛子で有名なメーカーですが、しそ南ばん漬はそのワンランク上の存在。「きゅうりの◯◯ちゃん」を刻んでピリ辛にした感じです。石黒さん

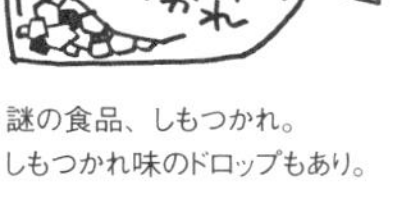

謎の食品、しもつかれ。
しもつかれ味のドロップもあり。

の実家では、白いご飯は言わずもがな、お茶漬けにしたり、刻んでチャーハンにしたり、お湯に入れてスープのようにしたりと、漬物冥利に尽きる（？）食べられ方をされているそう。たしかに、飽きません。私の「もっと買ってくればよかった商品ベスト10」リストにランクインしております。

漬物文化が発達している地域は（私調べ）、1に寒い地方で保存食が必要である。2に野菜が豊富なので保存するために漬ける。の順ではないでしょうか。恐らく栃木は2。石黒さんの故郷は農村地帯なので、野菜などのいただきものが多く、同じときに同じものがあちこちで収穫されるので毎日トマトばかりいただいたり、白菜ばかりが届いたりしていたそう。トマトやとうもろこしはお味噌汁にも入っていたし、寒い季節には白菜たっぷりのスープなど、旬の野菜を本当にたくさん食べていたのですと。いただけるものだなんて、なんとうらやましい……！

それと栃木と言えば「**レモン牛乳**」（2）でしょう。今までレモン牛乳の存在を自慢気に語る栃木人に何度も出会いました。愛らしいルックスなのでよく知ってたけど、飲むのは初めて。買ったときに、あれ？っと気付いたのですが、パッケージには「レモン」としか書いていません。加工した乳飲料なので、「牛乳」とは記せないんですね……なんて考えてたら、宇都宮駅で見たポスターには、バーン！と「レモン牛乳」と書かれたポスターが……よく見たら「レモン入り牛乳」でした。肝心な味ですが、レモンの酸っぱさを感じるヨーグルト風味かと思いきや酸味はなく、レモンの香り漂うやわらかな味。駄菓子屋さんの飴をなめているような感覚かも。このカジュアルさはすごく好きです。

さて、帰りの電車の時間を気にしながら目にした、ビニールチューブ入りの初めて見る食品「しもつかれ」348円。いかにも生ものだったので、目に焼き付けたあとスケッチして帰宅後調べると……栃木では伝統的な郷土料理にも関わらず、年々姿を消しつつある絶滅危惧食でありました！　鮭の頭と、にんじん、大根などの根野菜を目の粗いおろし器でおろして、酒粕と煮込んだもの。なぜわざわざ鮭の頭を？　と思いましたが、江戸時代、飢饉に備えるため考案された料理だったようです。心構えができたので、次に栃木で再会したら買ってみます。

駅で見かけたレモン牛乳のポスター。遠くからでも目立つ！

ご当地コメンテーターに聞け！　栃木県出身 **石黒由紀子** さん

大田原市（旧・黒羽町）の出身です。県民性は素朴でまじめだけれど、（それほど）がんばり屋さんでもなく、「まぁ、いっか」と無難を愛する人たち。「何にする?」「どうする?」と聞くと、「何でもいいよ」とか「どっちでもいいよ」と答え、自己主張しない。上昇指向も（あまり）ない。当てはまるかはよくわからないけど、栃木県の中で目立たずに暮らしていく自信はありますね。小学校5年生のときに、近くの町に3階建てスーパーマーケットが出来て、そこに友だちと行きました。バスで40分くらいのところ。なんだか都会な感じがしてキラキラしてたー。友だちとお揃いでハンカチを買ったかな。

Yukiko Ishiguro:
エッセイスト。栃木県生まれ、O型、犬顔犬的性格。興味があることは音楽、読書、食べる飲む、旅する。著書に『豆柴センパイと捨て猫コウハイ』（幻冬舎）、『GOOD DOG BOOK』（文藝春秋）ほか。

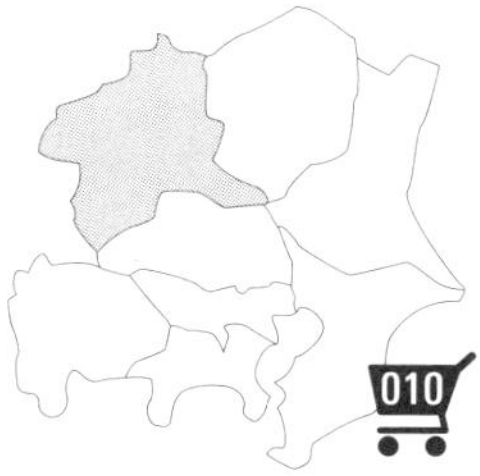

010 群馬

水よし粉よし気候よし。群馬は第二のうどん県？

群馬県はいい野菜ができる。そして、いい水に育まれた穀物も穫れる。スーパーに置いてあるうどんの種類は、おそらく他ではなかなか見られないほど豊富でしょう。……ですが、それ以外の県産品がすぐにはみつけられなかったのです。ずばり、少ない。それも個性といえば個性なのですが、私はちょっと焦りました。数軒回ってみて県産のものがうどんしか買えなかったところで、乗ったタクシーの運転手さんに事情を漏らすと、あっけらかんと「そりゃ群馬はうどんくらいしかないよ！」と。「日本の真ん中にあるから、自分たちで何か作らなくたって、あちこちからものが集まるからねえ」そして「野菜は捨てるほどある。そして肉だってたくさんあるよ。他にいらないんじゃないの？」と諭された。なるほど。結果的にうどんしか買わなかった、ということはありませんが、それは一理あるかもしれません。

　というわけで群馬で回ったスーパーは「ＴＯＭＹ」「地産マルシェぐんま」「ベイシア」「クラシード」「フレッセイ」など。ベイシアは、ある時期破竹の勢いで店舗が増えたので、その名前を知っている人は多いのではないでしょうか。どの店舗も大きくて（運転手さんの言う通り）全国からものが豊富に集っている印象です。前橋駅からバスで行くクラシード若宮店は、誰でも知っている老舗フレッセイの新しいライン。ちょっと高級感のあるスーパーだけど、実は県産のものが一番多くみつかったところ。最後に行ってみて、ホッとしました。

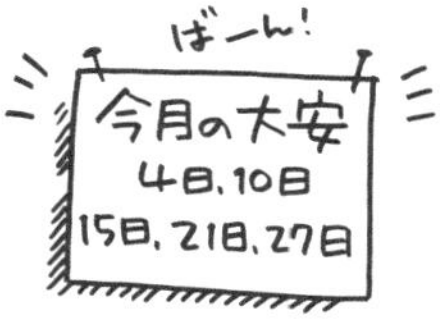

あるスーパーにどーんと貼ってあった大安日。「習慣的に」掲示しているとのこと。

ご当地コメンテーターに聞け！　群馬県出身 **大地丙太郎** さん

「かかあ天下と空っ風」と言われるように、群馬の女性はしっかりしていて働き者。これは本当にそう。群馬らしい家庭料理といえばうどんかな。うどんは1年じゅう食卓に出てきた。野菜や山菜がどっさり入った具だくさんで、麺も幅が広くて全体的にボリュームがある。でも、味付けがすごく濃いんですよ。初めて関西風のうどんを食べたとき、どんなに旨い！ と思ったか……。麺は「お切り込み」がおすすめ。これはメチャうま。ただ山に囲まれた県なんで、外のことがわからなくなるというか、いいものがあるのに、なかなかアピールできない会社も多いんじゃないかな。

Akitaroh Daichi:
アニメ監督、演出家。監督作は「おじゃる丸」「あたしンち」「十兵衛ちゃん」他多数。新作に「神様はじめました」「よってこ てんてこ め江戸かふぇ」。海外にもファンが多い。

011

埼玉

フランス人を驚かせたワイン、スーパーにあり。

東京の北側にぴったり隣接する埼玉県。東京の掛け布団、または帽子ともいえる形状です。友人もたくさん住んでいるし、大きなスタジアムや感度の高い美術館もあるから、行く機会は案外多い。「与野フード」や「マルエツ」など、知っているスーパーも何軒か。だからあえてちょっと奥のほうに行ってみたく、調べてみたら……ありました。埼玉発の老舗スーパー「ヤオコー」（創業1890年）。発祥の地でもある小川町は、東京の私の事務所から1時間半。ちょっとした小旅行です。前半の商品ページにも記しましたが、小川町は「山の町、酒の町、紙の町」。思い起こせば、和紙に魅せられ、東京から一時移住した知人もおりました。コメンテーターの堀口さんによると、ヤオコーは今埼玉でめきめきとブランド力を高めつつあり、特に50～60代の女性が「他とは違うちょっといいスーパー」として信頼を寄せているそうです。小川町の駅に着けば看板が見えるので迷いません。そしてさすが酒の町、まったく知らなかった小川町の地酒にいっぱい出会えます。

　そんな定評ある日本酒の一方で、最近私の周りで評判がいい、埼玉初のワイナリー「秩父ワイン」も試してみました。ラベルのインパクトに手が伸びた「**源作印**」（10）、酸味がさわやかで洋食に合います。秩父ワインの創業者、浅見源作さんが、小説『ロビンソン・クルーソー漂流記』を読んでワインを作ろうと思い立ち、販売を始めたのが1940年。その後1959年にフランス人神父さんたちから「ボルドーの味だ！」と驚かれ、噂が広まっていったのだとか。堀口さん曰く、いくつものワインをテイスティングできるワイナリー見学は、奥様方に密かな人気なのだそう。それは行ってみなくては！

ご当地コメンテーターに聞け！　埼玉県在住　**堀口祐子** さん

埼玉県民ですが、出身は三重です。埼玉出身の夫の家族と同居しています。どうも、埼玉の人は自分が住んでいる街以外に興味が湧かないようです。ほとんどが東京に通うためのベッドタウンなので、埼玉のどこかに出かける必要がないのだと思われます。夫も、驚くほど埼玉の地名を知りません。埼玉について思うのは「特にこれといったものはないけど、なんとなく住みやすい」ということ。よそからきた人もゆる～くやさしく受け入れてくれます。埼玉特産の野菜を使った家庭料理が多く、お義母さんが給食センターの仕事をしていたときは、県産の「くわい」や「やつがしら」を使うこともあったそうです。

Yuko Horiguchi:
動物大好きのフリー編集ライター。動物、クラフト、パズルなどの雑誌や書籍、WEBを手がける。専門誌『うさぎの時間』公式Facebookで、うさぎ仲間を募集中。趣味は愛犬を連れて出かけること。

かわいい麦、シンプルな麦、踊り出しそうな麦。麸や小麦粉の袋から、様々な麦の図案を集めてみました。

012 千葉

これからが千葉の底力の見せ所、ゴーゴー県産品！

千葉と言えば、あの「AEON（イオン）」の本社があるところ。実は日本のほとんどのスーパー（感覚的には全体の8割）がAEON始め、CGC、JAなどの大きな組織に加盟し、仕入れや宣伝を協業しています。地元のスーパーに、AEONのオリジナルブランド「トップバリュ」シリーズが並び始めたら、それが加盟の証です。

さて千葉で立ち寄ったスーパーは「AEON」イオンモール柏。私の家の周りにはここまで大きな店舗はないので、かなり新鮮でした。全国どのAEONもものは豊富ですが、地域的な特色は非常に控えめです（たとえ沖縄であっても）。他に「京北スーパー」柏店、「ワイズマート」浦安本店など。どちらも柏駅、浦安駅からすぐ。京北スーパーはスタンダードなものから、ちょっと高いけど質は間違いないものまで幅広い品揃え。オリジナル商品のパッケージもシックでセンス良く、千葉らしいスーパーだと思います。

さて、千葉の特産は数あれど、最も知られているのがピーナツではないでしょうか。たしかにピーナツものが置いていないスーパーはありませんし、加工品の「**手焼き落花せんべい**」（2）も安心のウマさ。コメンテーターの山中さんが子供の頃は、いつも家にピーナツがあったけど、お菓子のバリエーションが増えてからは積極的に常備することはなくなったそうです。ピーナツを始め、梨や海産物など千葉の特産品は、昔はあまり宣伝をしなくても東京の巨大な消費ルートに乗っかることもできたそうですが、最近は海外から価格を抑えた競合品が入って来ているので、ちゃんとブランド化して、県内外の人たちに、特別なものだと思ってもらう必要性が生じているそう。がんばれ、千葉産品！

ご当地コメンテーターに聞け！　千葉県出身　**山中健雄** さん

千葉県北西部、柏市の出身。柏駅周辺の歴史は、常磐線が出来てからの比較的新しい文化です。柏や東京近郊のベッドタウンは東京で働く人が多いのでローカル意識は低く、ご当地の品や企業に強い誇りはありませんでした。考えてみると僕は自分を東京人と錯覚しているきらいがあります。この現象を「自己浦安化現象」と名付けたいと思います。今では千葉県には多くのまちづくりの取り組みがあり、誇りを持てる魅力のある街へと歩んでいます。小学生の頃に通っていたスイミングのお隣がヨークマートで、水泳のあと友達と一緒に寄って、買い食いしました。試食も多く、やさしい店員さんにたくさんもらいました。

Takeo Yamanaka:
デザイナー／イラストレーター／演奏家。柏のまちづくり関連のグラフィックデザインを中心に、宮城県石巻市のまちづくり団体のNEXT石巻や、蛤浜再生プロジェクトのメンバーとしても活動中。

013

東京

社会科見学の思い出は甘い香り。スーパーマーケットマニアなら、迷わず麻布十番へ。

ついに私のホーム、東京までやってまいりました。事務所がある港区の麻布十番周辺は、巨大なメガストアはないものの、個性的なスーパーの激戦区です。半径1kmの徒歩圏内にあるスーパーを思い浮かべると、「成城石井」「リンコス」「グルメシティ」「大丸ピーコック」「スーパーナニワヤ」「日進ワールドデリカテッセン」「ナショナル麻布スーパーマーケット」の7軒。大使館の多い地域のため、日進とナショナル麻布には輸入食材がずらりと並び、一歩踏み込めばもうそこは外国！　POPも英語表記が先。パスポートも必要です(これはウソです!)。日進で売っているのは、まとめ買いのためのドカッと大きな冷凍肉の塊や、直輸入の冷凍食品、珍しいチーズやワインもたくさん。ナショナル麻布にはアメリカのスーパーとまったく同じ「生ピーナツバターマシーン」(自分でピーナツを入れてスイッチを押すと、甘くなくて濃厚なピーナツバターがニュルニュル出てくる)があり、輸入雑貨もいっぱいです。日本のものなら、ナニワヤの絶品ローストビーフは予約してでも買うべし。そして成城石井は店舗の大小を感じさせない、日本中から厳選されたさすがのチョイス。自家製のパンとデリにハズレなし。スーパーマーケットマニアのみなさんには、ぜひとも麻布十番にいらっしゃることをおススメします。ツアー組んで旗持ってご案内したいくらいです。

さてここからは、ちょっと変化を付けるため、コメンテーターのけらえいこさんと私の、掛け合いのような構成にしてみました。

ユカ（以下**Y**）スーパーの食品から連想して、給食や社会科見学の話が出ることが多いのですが、何か思い出はありますか？

けらさん（以下**K**）小学生のとき、社会科見学で森永の工場に行って『**ミルクキャラメル**』（8）の製造過程を見たんですが、木の幹のようなキャラメルの丸太がゴロゴロ練られていたような記憶があります。ホカホカとして。帰りに試食でマリービスケットを食べたんだけど、めちゃくちゃおいしかった！

Y　ホカホカの丸太……それはウマそう。他の県のみなさんも楽しそうな見学が多いのですが、けらさんよりさらに東京の西側にいた私は、水の再処理施設とか、なんか食欲に結びつかないところばかりでした。

成城石井のオリジナルエコバッグ。箱の中にメロンが♪

K　丸美屋の「のりたま」や永谷園の「お茶漬け海苔」って、一時期ずいぶん食べました。うちは母が料理上手じゃなかったんで、のりたまはごちそうでしたよ！　のりたま、というネーミングも好き。なんか3種類のふりかけが入ったビンがあって、のりたまとたらことごま塩で、ごま塩ばかりが余る……ってことなかったですか？

Y　ああ、ありました！　他にも「すきやき」ふりかけなんてのがあって、私は自宅ですきやきを食べたことがなかったもんですから、あのふりかけの味がすきやきの味だと信じていましたね……。

K「**特製エスビーカレー**」(17)はおサイフの中にある10円玉のように、小さい頃から当たり前に調味料入れに入っているもので、あらためてそのことを考えると……すごいですね。

Y　わかります。このカレー粉ひと振りで、味付けに失敗したものや残り物が、簡単にカレー風味に変わりますから、かなりの威力だと思います。「**炒飯の素**」(18)も同じくらいのポテンシャル持ってますよ。何でもあっという間に中華風にしてしまう。一時期、玉子に混ぜて中華風スクランブルエッグにすることに凝っていたこともあります。

K「**ノザキのコンビーフ**」(21)、これも実家にいる頃、見ない日はないというくらい必ずありました。父はこれを加熱せずこのまま酒のツマミにしたり。缶の横腹をくるくる巻いて開けるのが好きで、よくやらせてもらっていました。今考えるとどうしてフツーの缶詰と違う形なんだろう？

Y　ちょっと調べたら公式サイトに結構くわしく載っていました。台形にして、面積の広い方から肉を詰めていけば、缶の中に空気が入りにくく、肉の酸化を防いで保存性が高まるんですって。実は1980年代に丸形も発売されたそうですが、台形の方が圧倒的に人気が高かったそうで、やめちゃったみたいですね。あの形、なんだかわからないけど美味しそうですもんね。

K　わりと最近も、コンビーフとキャベツを登山に持って行って、山で炒めて食べました。贅沢でやばい食べ物です。

Y　私も好きです。なんとか缶のまま弁当のおかずとして持って行けないかと親に相談した記憶があります（そんな子供いない）。結局ほぐして、ミックスベジタブルと一緒に炒めてもらっていたと思います。ノザキのコンビーフには金ピカの上位種があるらしいんですが、まだ出会ったことがありません。みつけたら余分に買っておきますね！

日進で売っている植物にはこんな札が……。

ご当地コメンテーターに聞け！　東京都出身　**けらえいこ**さん

練馬区の出身です。生まれ育ちは東京だけど、親は2人とも九州出身なので、あまり東京人としては自信がないです。練馬区は地方出身者が多かった気がします。江戸っ子って見たことがない……。中学卒業まで池袋の向こう（東側）はまったく知りませんでした。東京の人はどこに住んでいても、「アッチのほうは行ったことがない」という、反対側の苦手エリアを持っているんじゃないかな? 小学校のときに、駅前に東武ストアが出来ました。当時はレジ袋なんてなくて、紙の袋を両手で抱えて買物から帰って来ていたな。大人になってからは、やっぱり紀伊国屋がいちばん好きですね。

Eiko Kera:
漫画家。射手座のAB。著作に『あたしンち』『いっしょにスーパー』『たたかうお嫁さま』（以上、メディアファクトリー）、『セキララ結婚生活』（メディアファクトリー、講談社文庫）など多数。

エスビーカレー（缶）の背景に、実は国会議事堂の姿があることを知る人は少ない。

014

神奈川

ファンならば、バッグを携え、どこまでも。

横浜、葉山、鎌倉、湘南、そして中華街。観光地としてキラキラしたよそいきの表情をいくつも持っている神奈川県。お隣である東京の人間も、神奈川に行くときはちょっとかしこまってしまうのを、地元の人たちはきっと知らない……。

さて、訪れたスーパーは「ユニオン」元町店、「やまか」鎌倉店、他に「上州屋」「OONOYA」など。ユニオンの元町店はコメンテーターのマヌーさんイチオシのスーパー、お店をうろうろすれば横浜っ子のセンスや嗜好がじわじわと伝わってきます。なんというか、アメリカっぽいラフさと日本的な実直さのサジ加減が絶妙なのです。異国情緒を感じるとはいえ、東京のページでお話しした麻布十番の輸入食材スーパーとは全然違う、まぎれもない「横浜の雰囲気」。スーパーのオリジナルバッグブームの先駆けでもあり、老いも若きも喜々として下げています。元町店の2階、壁一面にペタペタと貼ってあるのは、なんと「ユニオンのオリジナルバッグを持って海外旅行をした人たちのスナップ写真!」これは見ものですよ。

やまかの鎌倉店に行ったのは平日の午後14時頃。にもかかわらず、駅前は人がいっぱい。しかもよく見ると私と同じか、ちょっと上くらいの女性3〜4人組のグループが多く、みんなにこにこして話しながら歩いている。まるで映画のエキストラが指示されているような光景に、ああここはハレの気に満ちている、と直感しました。

やまかは駅を出て右、左に行けばユニオンの鎌倉店があり、元町店との雰囲気の違いを体感するのも面白い。入口にいきなり並んだ酒類には圧倒されます。

横浜、鎌倉への小旅行、スーパーにもぜひお立ち寄りを!

ユニオンのオリジナルバッグ。アメリカのBUILT社とのコラボによる保冷ワインバッグもある。

ご当地コメンテーターに聞け!　神奈川県在住　**山下マヌー** さん

東京では3代続かないと江戸っ子って言えないけどさ、横浜は3日住めばハマッ子。ちょっと気取っているようなイメージがあるかもしれないけど、実はものすごく開放的で来る者を拒まない包容力がある街なんだよ。スーパーなら、やっぱり元町のユニオン。昔は2階の奥で服も売っていた。「LOVE&PEACE」なんて書いてあるTシャツがあったりしてね、あの店からアメリカを感じていたな。もちろん今も他のスーパーとは一線を画すブランド力があると思う。たとえばホームパーティーに行くなら、ユニオンでワインとつまみを揃えて、ユニオンのオリジナルのバッグに詰めて渡す。どう?　これしかないでしょう!

Manoue Yamashita:
旅行作家。海外渡航歴300回超。独特の視点で集めた海外情報と軽妙な文体が多くの支持を集めている。最新刊は『山下マヌーの ハワイ1000円でできること!』(メディアファクトリー)。

015 新潟

**色とりどりの食用菊。おかずにしてたのってうちだけだったの？
酸っぱい思い出は笹団子で中和。**

新潟へは富山から陸路で。両親が新潟市出身で、親戚の多くも新潟市にいるので、私にとってはとてもなじみ深い土地です。育ったのは東京多摩市の公団住宅、いわゆる多摩ニュータウンの端っこのほうなのですが、家庭内食文化は完全に新潟でした。まず新潟人は好んで菊を食べる。黄色だったり、紫だったり、さっと茹でて酢醤油をかけて夕飯のおかずとして食卓に並んでいましたが、幼い頃は同級生もみんなそうだと思い込み、ちょっと恥ずかしい思いをしたことがあります。当時は東京のスーパーに食用菊は売っていなかった（現在は一部のスーパーで見かけます）ので、親に聞いてみると、当時親戚からわざわざ送ってもらっていたのだとか。そんなにしてまで菊が食べたかったのですね……。コメンテーターの高橋さんによれば、菊はできれば摘んだその日にいただくのが一番おいしいそう。新潟で流通するのはほぼ新潟市白根産で、ほろ苦く菊の香りがしっかりしているそうです。

というわけで、盆や正月には両親について新潟に帰っていた私。小さな商店街しかない多摩市の端っこから来ると、新潟市のなんと大都会なことか！　従兄弟の家から「歩いて映画館に行ける」というステイタスは当時何ものにも変えられませんでした。映画の帰りにスーパーで「もも太郎」というピンクの棒アイスを買うのが楽しみだったのですが、調べてみると有名なご当地アイスで、どうりで東京ではみかけなかったわけです。

今回久しぶりに訪れた新潟のスーパーは「清水フードセンター」「原信」「パワーズふじみ」など。清水フードセンターとやの店と、原信の南万代店は新潟駅からも歩いて行けるので、子供の頃の記憶をたどりうろうろしてみましたが……さらに都会になっていてほとんどわかりませんでした。ただひとつ、レインボータワーという展望台だけが目印として残っていました。でも残念ながら現在は営業休止中。

米や小麦などの穀物が自慢の新潟、麸にも立派なものがたくさんあります。私も実家でよく食べた「**車麸**」（12）。コメンテーターの高橋さんに語っていただきましょう。

「車麸はよく食べました！　おでんや煮しめでだし汁の染みた車麸は、うんめんさ～（おいしいのよ～）。家族の多かった子

レインボータワー。以前は展望台がくるくる回りながらてっぺんまで移動していた。

どもの頃は、車麸を、寛永通宝みたいにたくさんヒモに通したものが台所の梁にひっかけてありました。堅めの部分と軟らかい部分が混じっているので、水でよーく戻してから調理します。その食感の混ざり加減が『歯応えのある麸』という印象なんです。高校生の頃、母の代わりに夕食を担当して、高齢の祖母のために車麸の入った煮しめをよく作りました。グルテンも豊富で栄養価も高いから、子どもにもいいんですけど……やはり戻すのに時間がかかったりするので、忙しい若い人たちには人気がなくなっているのでしょうね。圧倒的にお年寄りに支持されている食品だと思います」

うん、たしかに歯応えという点では他の麸とちょっと違います。

ついでに新潟定番の家庭料理を聞いてみました。

「先ほどの車麸の煮しめも定番ですが、新潟の家庭料理といえばなんといっても『のっぺ』でしょう（のっぺい汁とも）。各家庭で少しずつ違いますが、マストは里芋、にんじん、こんにゃく、干し椎茸でしょうか。私の実家では他にタケノコ、くわい、かまぼこ、ぎんなん、いくら、干し貝柱などを入れます。鮭や鶏肉を入れるお宅も多いみたい。小さめに切った様々な食材を下ゆでして、だしとみりんと醤油で煮て、冷ましていただきます。新潟のお正月には欠かせない家庭料理の筆頭。他には干しぜんまいを戻して、細切りにしたコンニャクや油揚と一緒に『ゼンマイの炒め煮』。くじらの脂身と茄子&野菜を味噌汁にする『鯨汁』（夏限定の椀ものです）。あとは、鱒（マス）の塩引きや鱒の筋子、なんてのが新潟らしい家庭料理のイメージかしら。番外編で、お餅を焼いて食べるときに、こんもりと盛ったお砂糖にお醤油をたらした『砂糖醤油』を付けて食べる、というのもあるかな」

わー、食べました食べました。実家にいた時、餅に付けるのは1に青きな粉と砂糖、そして2に砂糖醤油でした！（3に海苔と醤油）。考えてみると「甘い味付け」というのがとても多かったと思います。卵焼きとか、肉じゃがとか、みんな甘かったので、私が今自分で作るものもなにかと甘くなります。辛いカレーライスも何なく食べられるけど、好きなのは、断然甘口。

新潟をあとにするとき、小さなワゴンで手作りの笹団子を売っている人から、直接買ってみました。移動の電車で食べてみて感激。その後さっそく取り寄せて、実はこの原稿、その笹団子を食べながら書いています。

新潟名産、笹団子とちまき。ちまきは青きな粉を付けて食べる。

ご当地コメンテーターに聞け！

新潟県出身 **高橋里佳** さん

新潟市沼垂（ぬったり）出身。東京から上越新幹線で約2時間「終点、新潟～♪（佐渡おけさのメロディ）」日本海に注ぎ込む信濃川の河口付近です。お年寄りがよく言う「新潟は杉と男が育たない」…これは女性がしっかり者で、頼れる男にならないということわざ。要するに、ダメ男と過干渉女ってこと？（笑）ダメ男とわかっていても、男性を立ててあげようとするやさしい女性が多い気がします。そのせいか、偉そうな態度の男性もたまに。路線バスの運転手がもたもたするお婆さんを叱るような態度だったりすると腹が立つし、悲しくなる。「父、長男、本家」がヒエラルキー上位という古い慣習が残っているのでしょうか。

Rika Takahashi:
グラフィックデザイナー、ディレクター。1999年にZapp! Co., Ltd.を設立。エディトリアルを中心に様々なジャンルの書籍、雑誌を世に送り出している。おいしいお酒と肴がなによりも好き！

016

富山

かまぼこは渦巻き、おにぎりはとろろ。スーパー行くならポートラムにおまかせ。

黙っていられないので、最初に書いてしまいます。富山でとびきりの美女に会いたければ「ポートラム」に乗るべし。お客さんもそうですが、車掌さんが実にお美しい。ポートラムとは富山北駅から岩瀬浜駅までの新しい路面電車で、ここはノルウェーのオスロ!? と思ったほど洗練された車体です。まずはこのポートラムに乗って3つ目の下奥井駅から徒歩圏の「albis」奥田店へ。富山産品がとても多くみつかります。さらにもう1駅先の粟島駅で降りれば「大阪屋ショップ」粟島店前に停車なので便利です。

富山は仕事で訪れたことはあるけど、スーパーをつくづく見るのは初めて。心から感心したのは1830年創業の老舗、立山酒造の「**立山**」シリーズ。ほれぼれするほどシンプルなデザイン(3)。きらびやかなラベルの日本酒が多い中で、この余白は確実に目立ちます。梅酒の佇まいも愛らしく、しかも実直な感じがしてすごく好き。

コメンテーターの平田さんにとって、地元の食品として最も馴染みがあるのが**昆布類**(6〜9)。特に富山県発祥の「とろろ昆布おにぎり」は、遠足や運動会の定番というくらい思い深いものなのに、東京では誰も知らないローカル食品と知って驚いたそうです。また、かまぼこといえば、赤や青に着色されたすり身がのり巻き寿司のように巻かれて、切った断面が渦巻き状になっているものがスタンダード。これもまた富山や石川だけと知ってびっくりしたとか。とろろ昆布のおにぎりはコンビニでも売っているくらい今もポピュラーとのことなので、次は忘れずいただきます!

乗り心地も抜群なポートラム。いつまでも座っていたい……。

ご当地コメンテーターに聞け!　富山県出身 **平田智明** さん

黒部市出身です。富山県の東部で黒部川の下流周辺地域になります。黒部ダムの近くではありません。僕が学生のときは遠出して買物に行くとしても富山市までしか行ったことがありませんでした。西部の人に聞くと、買い物に行く先は富山市か石川県の金沢市だったそうです。富山の県民性で、まあよく言われてるのが「まじめで勤勉、黙々と働く」などです。自分はどうかというと、黙々と仕事をこなす人だとは言われたことがありますね。子供のころ家の近所に出来たスーパーの名前が「スパー黒部」だったので「なんでスーパーじゃないんだ!」とずっと心の中で突っ込んでました。

Tomoaki Hirata:
立体製作のプロ集団、株式会社アレグロの「からくり部門」で活躍。無類のエンタメ好き。キャラクターに存在感を与えたり、その舞台やイベントをより効果的に演出する仕掛けを作っている。

017

石川

スーパー行くなら市場を目指せ！石川オヤツの決定版。

東京から石川県の小松空港へは1時間弱。空港から金沢まではバスに乗り、山々を眺めていたらあっという間に到着します。金沢は雑貨やお菓子の取材で何度か訪れている大好きな街。伝統的なものをアレンジしてモダンにするのは、実は東京の浅草あたりよりも金沢のほうがずっと柔軟性があるのです。

　まずは流行のパンケーキ屋さんで腹ごしらえしつつ、隣りの女子たちの話に耳を傾ける。「休みが取れたら行きたいのは、絶対京都！」「クリスマスにカレシいない組であえて大阪に行くのはどう？」……そっか、東京ってまったく選択肢に出てこないのか～なんてちょっぴり寂しく思いながら巡ったスーパーは「カジマート」「ダイヤモンド」「東京ストアー」。カジマートの「めいてつエムザ店」は有名な近江町市場の向かい側にあり、ダイヤモンドに至っては、その市場の中にあるのですぐわかります。

　どのスーパーにも必ずあるのが、全国に破竹の勢いで広まりつつある「**とり野菜みそ**」（7）。ユルさを狙ったのか、本気なのか……ユニークなイラストはとにかく一度見たら忘れられません。石川の伝統料理である野菜を主とした「とり野菜鍋」用のお手軽な味噌ダレ。最近はドレッシングや麺つゆなどの兄弟もできて、売り場がいっそう盛り上がっています。とり野菜みそに火がついたのは割合と最近で、昔ながらの食品といえばやはり「**ハードビスケット**」（9）。コメンテーターの石黒さんにとっては「どれだけ食べて育ったのかわからないくらい」だそう。しかも工場が小学校の裏にあり、いつもいい匂いが校舎に立ち込めていて「腹が減るったらなかった」とか。それってうらやましいような、拷問のような……？

　同メーカーの「シガーフライ」もおすすめです。

ご当地コメンテーターに聞け！　石川県出身　**石黒謙吾**さん

出身は金沢市、犀川のほとりです。みんな地元大好き。いまだに百万石の文化というプライドあり、前田家の家臣とか思っている（笑）。男は派手で道楽者。自分はかなり当てはまってます……。女は支えるしっかりもの。美人が多いと言われているのは納得！ そう思う。能登は全然違う地味でおっとりなイメージ、加賀は、福井に近づくほど脳天気な人が多いかな。スーパーに関する思い出は、小学校4～5年の頃、父親とふたりで暮らしていて、毎日夕方、「ヤンマーチャンポンメン」というインスタントラーメンとキャベツ、魚肉ソーセージを、ひとり平和町のスーパーで買って帰り、自分で作って犬と一緒に食べていたことです。

Kengo Ishiguro:
著述家・編集者。映画化された『盲導犬クイールの一生』、『2択思考』、近著『7つの動詞で自分を動かす』など著書多数。プロデュース・編集した書籍も『ナガオカケンメイの考え』はじめ200冊。

018

福井

豆入りのお茶を入れ、こたつでようかんをすくう。福井の冬のお楽しみ。

路面電車があって、遠くに雪山が見えて、日曜日で人がいなくて静かで、とても印象の良かった福井駅周辺。訪れたスーパーは、福井駅すぐ近く、路面電車の駅前にあった「ハニー」食市場北の庄店。そして西別院駅徒歩圏の「ユース」など。ユースには「地元の一品」ステッカーがあり福井産品を見分けやすい。でも、福井名物の水ようかんが積んであったのはハニーのほうです。入り口は広くはありませんが、かなり奥行きが。

さて、福井で買ったもののインパクト賞は何といってもその「**水ようかん**」（12、17）。片手に乗るくらいの大きさを想像していたのに、もろノートパソコンサイズではないですか！ようかんが箱に「直に入っていた」ことにも驚きましたが（内側がコーティングされているので横にしない限りしみ出しません）、最近はパックされたものも多く、直接入っているほうが昔ながらの情緒が感じられるので人気があるそうです。

また、ほとんどのお茶に炒った大豆が入っていて（1、13）、袋を開ける前から豆のいい香りがするのも知りませんでした。コメンテーターのYuzukoさんによると、豆入りのお茶は福井人の「ソウルティー」。お茶ならばとにかく豆入り番茶をよく飲むそうです。また、同じ大豆が原料で、製法も似ている「**すはま**」（2）と「**青ねじ**」（3）。石川県ではすはまがポピュラーだけど福井は青ねじ派が多数。袋の裏を見てみると、すはまの主原料は大豆とはったい粉、青ねじは大豆と米粉なので、ちょっとだけ味が違うようです。福井人にとってはかなり庶民的なお菓子なので、お土産にするほどのものではないらしいけど、もしいただけたら、私はすごく嬉しい。東京にも青ねじを！

ご当地コメンテーターに聞け！　福井県の大ファン **Yuzuko** さん

結婚以来、夫のふるさと福井県のおいしいもののとりこになりました。年に4回ほど帰省しています。とくに好きな福井フードは「竹田の油揚げ」と「越前おろしそば」。雪国の人は我慢強い、忍耐強いと言いますが、その点は当てはまると思う（夫が）。また、あまり表に出るタイプではないところも。福井のスーパーには、丸いお餅や水ようかん（冬）など、東京（わたしの出身地）ではあまり見かけない物が売っているなあと驚いたことがあります。また、スーパーで買ったお刺身がとてもおいしいことにもびっくりしました。スーパーに行くことは好きなので、旅行先で必ず行きます。もちろん、おみやげを調達することも。

Yuzuko:
イラストレーター。田代卓事務所所属。近著は『にっこりが伝わる ふせん習慣の始めかた』（メディアファクトリー）。南青山に福井のアンテナショップがあるので、ぜひ覗いてみてください！

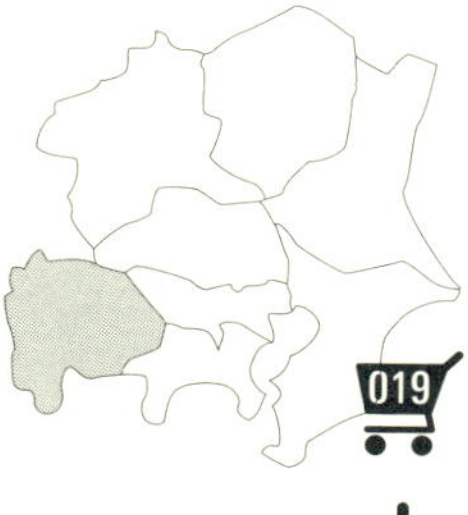

019

山梨

スーパーでは「コンセイエ」を探せ！　いい湯いい酒、山に囲まれた別天地。

どっちを向いても山！　そして武田信玄（の像）！　東京からすぐのところにこんなにいい環境があるなんて。温泉の源泉の質は素晴らしいし、何といっても私はワインが大好き、行くたびにお気に入りがみつかるのが嬉しいです。そんなワイン好きにぴったりのスーパーが、山梨駅徒歩圏の「いちやまマート」塩部店。ワインの品揃えは私が回ったスーパーの中では随一。しかもこのスーパー、「コンセイエ」が常駐。ソムリエがレストランにいるカウンセラーなら、コンセイエはお店にいるアドバイザー（のフランス語だそう）。POPにはコンセイエの記したおすすめ理由が書いてあり、読むだけでも楽しい。私が行ったときはたまたまいなかったので残念。そして、私が2番目に好きな酒、梅酒の量もはんぱない（数えてみたら42種）！　これまた今まで見た中で1番です。ダメだ。山梨に住んだら、ダメ人間になってしまう……。同じく山梨駅徒歩圏の「オギノ」朝日町店も、広くはないけど酒類は充実。漬物用の大きな野菜の束もあり、庶民的。コメンテーターの並木さん曰く、山梨と梅は古くから縁があり「甲州小梅」が有名で、大規模な畑での栽培や、梅の加工品の生産も盛んだそうです。各家庭にも自家製の梅酒があり、並木さんの実家でも、もちろん漬けているそう。

家庭料理と言えば「ほうとう」。野菜をどっさり入れて味噌で煮込む、幅が広く厚くモッチリしたうどんです。富士五湖地方では固めでコシの非常に強い「吉田のうどん」も山梨の郷土料理として知られています。元々は、女性が活躍する織物産業を支えるために、素早くかきこめるうどんを男性が打ったところ、人気となって広まったそうです。山梨人のエネルギーの源は、うどんと果実酒にあり？

ご当地コメンテーターに聞け！　山梨県出身　**並木淳**さん

県庁所在地である甲府市の出身。住宅地の美容院が実家です。結婚後は、石和温泉がある笛吹市石和町に住んでいます。仕事場である新聞社は甲府駅北口にある丹下健三が設計したビルの中。石和から甲府まで、中心商店街を日々自転車で眺めながら、通勤しています。この県は人口もそんなに多くなく、北から南まで車で1時間もあれば移動できるので、ある意味、みんなが顔見知りのようなフレンドリーな県だと思います。また、新宿まで電車で1時間半で行けてしまうという、都会へのアクセスの良さがあるためか、山梨はこんなもん！　と現状にあきらめている所も。自分自身も結構、当てはまるような気がします。

Atsushi Namiki:

グラフィックデザイナー。地元新聞社に勤務し、日々、広告やグラフィックに奮闘しながら、地場産業にも熱いエールを送っています。YAMANASHI SMART DRIVERも広めています。

020 長野

スーパーで感じた幸せの絶頂。唐辛子は県民の誇り。どうするどうなる？ 南北問題！

最初に個人的な話でスミマセン。私は長野県のコメンテーターである伊藤理佐さんの著作で、表紙の立体造形を担当しています(そうなんですみなさん、私の本職は立体造形なのです)。新刊を出す前はいつも、出版社で伊藤さん、担当編集者さんと、どんな表紙にするのかを話し合います。雑談も交えながら。実は伊藤さんと担当編集さんの出身は、同じ長野でも南北に分かれます。今度長野のスーパーに取材に行く、という話をちょっとしただけで、「長野のどこで取材するんですか」「南北で文化が違いますから。暦も違いますけど、どうするんですか」と詰め寄られ、長野の南北の張り合いとはこんなにもこんなのかと恐れおののき、曖昧な答えで丸く収めるしかありませんでした。

このように、同じ県なのに交流がない、文化が違う、あまりいい印象を持っていないという状況があるとしたら、それはたいてい「藩が違う」ことが起因しているようです。つまり、もともと国が違うじゃん、と……。私もなるべくまんべんなく取材したいところですが、どうしても県庁所在地を優先することが多く、こうした揉めごとの仲裁にならずに申し訳ない気持ちでいっぱいなのです……。

さてそれはそれとしてしょうがない。長野で巡ったスーパーは、長野駅徒歩圏の「マツヤ」七瀬店、長野から電車でひとつ目の安茂里駅すぐ「アップルランド」デリシア安茂里店など。取材時期は晩秋、どのスーパーのエントランスにも、箱に入ったリンゴがドーンと積み上がっていました。箱入りのリンゴなんて贈答用しか思いつかないけど、いかにも自宅用、という感じで大きなカートにヒョイッと乗っけるお客さんも多い。そう、長野ではリンゴが気軽に箱買いできるくらい安かったのです。

さて、ここでマツヤの従業員さんが親切だったお話を。このスーパー取材ラリー、1県につき25～30点の商品を購入します。車じゃないし、持ったまま回るのは効率が悪いので、たいていは買物したスーパーから東京の事務所に発送することにしてました。スーパーの配送のシステムは様々。会計した後のカゴを渡すだけで梱包からなにもかもやってくれるおまかせ式から、所定の場所に段ボール箱を取りに行き、自分できっちり梱包するセルフ式。またはその中間。たいていどこのスーパーも

スーパーの入り口にドーンと積んであるリンゴ。

お中元やお歳暮を発送したり、ギフト券を買ったりする「サービスカウンター」という窓口があるので、そこに会計済みの商品を持って行きます。そのとき私は、すべてのスーパーの店員さんに同じことを話しかけることにしています。「よそから来たんですけど、お土産に全部この県のものを選んだんですよ」と。

「はぁ」と華麗にスルーされる時もあれば、従業員さんが売り場に踵《きびす》を返し、おすすめの品を持ってきてくれることもありました。このやりとりで、そのスーパーの印象が何10倍も良くなることがあるので、つくづく小売りというのはお客さんと対面する人の対応がいかに重要かということを実感します。

また前置きが長くなりました、マツヤで発送するときのこと、いつもと同じように「長野県産のものばかり選んだんですよ〜」と言おうとしたところ、カゴをぱっと見た店員さんが先に気付き、「信州のものばかりなのね〜!」と喜んでくれたのです。私が取材をしていて幸せの頂点に駆け上がるのは、なにもかわいらしいデザインのものをみつけたときばかりではありません。こういう瞬間にもやってきます。店員さんは私が買ったもののいくつかをていねいに説明してくれました。「大きな小麦粉**『中力小麦粉』**(10)だけど、普通のご家庭で使うのよ。今の時期は『おやき』を作るからね。**『早漬たまり』**(22)のような浅漬け用調味料はここ5〜6年で認知度が上がって、売れてきているわね〜」そして「**八幡屋礒五郎の七味唐辛子**」(12)を手に取り「これ。よく買ったわねえ」とホメてくれました。子供のように嬉しかった私。長野の人たちはこの七味唐辛子が本当に大好き。伊藤さんも東京に出てきたとき、なんでこれが全国区ではないのかと(今はほぼ全国区です)納得できなかったそうです。

「富より健康」とバーンとプリントされた「**松田牛乳**」(21)について何か言われるかと思ったけど、それは何も言われませんでした。

長野のスーパーは、漬物用の調味料がとても多い。そしてキノコの種類と量も。伊藤さんも漬物はとてもよく食べるし、実家の家庭料理と言えばとにかくキノコのものを思い出すそう。他に伊藤家実家で思い出すのは「きじそば」「ハチノコごはん」だそう。ハチノコご飯は名前のごとく、蜂の幼虫を炊き込んだご飯で、長野の伝統食。私も食べたことがありますが、好きです。単純においしい。ハチノコの食感も味も、固く練った栗ペーストに近いのではと思います。見かけよりずっと、とっつきやすい味です。

親切だった長野。漬物グッズでいっぱいの長野。リンゴが安い長野、ありがとう!

ご当地コメンテーターに聞け! 長野県出身 **伊藤理佐**さん

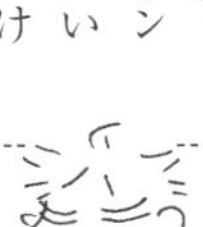

諏訪郡原村の出身です。「諏訪湖は日本のへそ」といろんな人が言う……。そして原村にはスーパーがない。Aコープがあるだけ……。それはともかく、長野は北と南で仲が悪いというか、お互い興味がないです(諏訪の原村は南、長野市は北)。東京で「え? 長野出身? どこ〜?♡」と、なって、北と南に分かれると、もうコトバが続かない県民性……バッチリ自分にも当てはまります。方言も違うし、暦も違うし、広いので文化の違う地域はいっぱいあります(南信、北信、中信、東信の4つ)。……だが、どの地区の人も同じく県歌は歌う! これで連帯感が!? 歌うと、とてもウケます(東京で)。

Risa Ito:
漫画家。1969年生まれ。夫は漫画家の吉田戦車。著書に『おいピータン!!』(講談社)、『おんなの窓』(文藝春秋)など多数。近著は『おかあさんの扉』2巻(オレンジページムック)。

021 岐阜

ないものはない。あるものはある。世界のルールを、岐阜で知る。

　ううむ。私はまたもや岐阜で困っていた。三重や滋賀では、岐阜産の食品をいっぱい見かけたのに、いざ岐阜の中に入るとぱたっと見かけなくなるのです。最たるものが、麸。敷島ブランドの**麸**（2、4）と言えば、西日本で見かけない県はなく、バリエーションも豊富で、キャラも愛らしいのに、ない……あっても、ひとつか、2つ。タクシーに乗る機会があったので、運転手さんに聞いてみた。運転手さんは案外こういう生活絡みの情報に強い。県別の食品の研究をしているのだが、麸を見ない。麸を食べますか、と。運転手さんは言った。「麸ですか？　食べませんねぇ」。白目をむいてがっくりする私。生産地だからといって、それが豊富にあるわけではないのです。それはこのあとに行く奈良でも思い知ることになるのですが。コメンテーターの篠崎さんも、それほどなじみはないそうです。TV番組で「秋田のラーメンには麸を入れる」と知ったとき、よく見るとそれが岐阜産の麸だったことは憶えているそう。名物料理、郷土料理で麸を使ったものもないとか。そこまでそうならもう吹っ切れました！

　さて岐阜で回ったスーパーは「スーパー三心」「バロー」「セルフゆたか」「サンマートサカイ」。三心のうずら店は、岐阜駅からちょっと離れていますが、岐阜産のものならここで。

　篠崎さんによると、岐阜は柿の名産地で、吊るし柿を作る人が多いそう。季節になるとスーパーでは吊るし柿専用の渋柿が大量に売られます。篠崎さんも毎年作るので、愛知県に住んでいたときは渋柿を探すだけでもひと苦労だったのが、岐阜はたくさん売っているから嬉しいのだとか。売ってないものあり、たくさん売っているものあり。意外なことがあるから面白い。

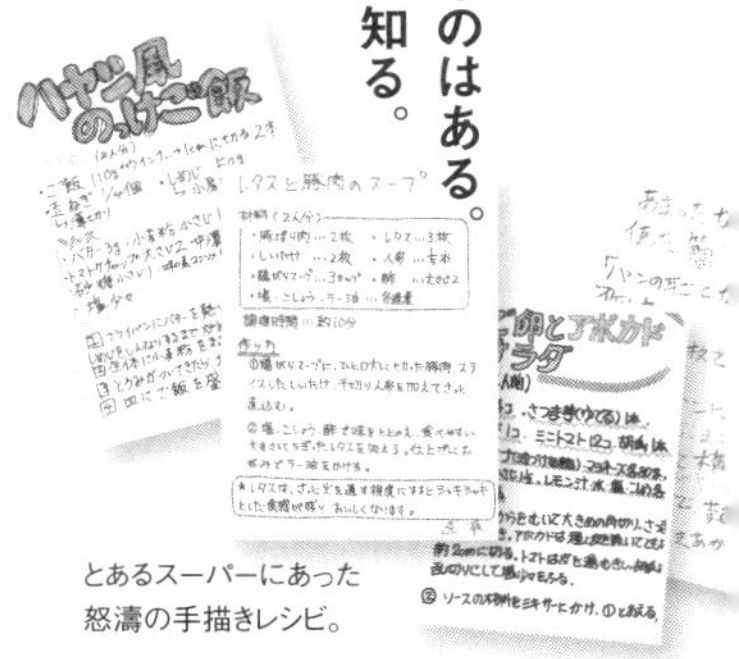

とあるスーパーにあった
怒濤の手描きレシピ。

ご当地コメンテーターに聞け！　岐阜県在住　**篠崎友華里**さん

出身は愛知県。結婚で木曽川を越えて、岐阜県在住。橋を越えただけなのであまり文化は変わりません。私の住んでいる地域は濃尾平野の中にあるので名古屋といろんなところが似ています。気候は名古屋より厳しいので、そのぶん、地域性を大切にする人が多く、情に厚いと思います。岐阜に住んでびっくりしたのは、小規模なローカルスーパーの多さです。とにかく安く、野菜や果物の種類も豊富でそれぞれ個性的で楽しいのです。特に私がいつも行くスーパーは、店内の飾りやBGMが、おしゃれとはほど遠く突っ込み所満載ですが、お客様を楽しませよう！　と言う気持ちが伝わってきて、楽しくなっちゃいます。

Yukari Shinozaki:
中部地区でMC、ラジオ、テレビを中心にお仕事中。レギュラーは岐阜放送「サンデー演歌ベスト30」で演歌音楽番組を担当。趣味は雑貨集め（エアライングッズや東欧、中欧ものがお気に入り）。

022

静岡

香川がうどん県ならば、静岡はお茶県、缶県、わさび県。

静岡に着いたら真っ先に寄るのが「しずてつストア」新静岡セノバ店。広くて明るくて賑わっていて、静岡産品もたくさんみつかります。エントランスから迎えてくれるのは、わさび漬け、わさびドレッシング、練りわさびに、わさびそのもの。……なぜ静岡はこんなにわさびだらけなのか。それはいい刺身があるから、わさびが必要に決まっているのだ！　と叫ぶのは、コメンテーターの田代さん。たしかに清水、焼津、沼津など漁港が多く、いろいろな種類の魚が水揚げされます。静岡県民は小さな頃からとびきりのお刺身を食べて大きくなるのだとか。なんてうらやましい。昔バイト先の先輩が静岡の人と結婚して、当地で披露宴をしたときも刺身三昧でした。ウエディングドレスなら当然フレンチかと思うのですが、まさかの舟盛りに列席者が大コーフンしていたのを憶えています。あれが私の静岡で最初に感激した思い出かもしれません。

さて他に多いのは缶詰。これも漁港の数と漁獲量が缶詰メーカーを支えています。お茶はもう全国区なので言わずもがな。

他に今回あらためて感じたのは、団子関係の食材が多いこと。だんご粉、ゴマ、きな粉、それにあんこ。田代さんによれば、清水の興津はあずきの製餡が盛んなところ。大正時代に興津の北川勇作と内藤幾太郎という人が、あずきの皮を剥く機械を発明し、そこからこしあんが生まれた歴史があるから、団子用食材が多いのではないか、とのこと。田代さんは子供の頃に、正月の餅つきであんこやきな粉まみれの餅をこれでもかと食べ過ぎたので、今は少しだけでよいそうです。

海産物あり、山のものあり、畑のものあり。こんなところで育ってみたかった。

ご当地コメンテーターに聞け！　静岡県育ち　**田代卓** さん

2才から高校卒業までを清水市で過ごし、高校は静岡市に通っていました（今は清水市も静岡市清水区になってしまいましたが……）。県民性はなんとなくのんびりしているような気がします。自分はあまり当てはまりません。東西に長い県なので、西の方は名古屋っぽい感じ、東の方は神奈川っぽくなると思います（とくに言葉）。僕が小学生だった昭和40年代、スーパーマーケットがあちこちに出来ました。何でも揃っていてモダンな感じがスゴイなあ、と思ったものです。よく母親の買物について行って、カゴに自分の好きなものを入れ過ぎてレジで怒られました。

Taku Tashiro:

イラストレーター、デザイナー、田代卓事務所代表。絵本の作品に『Baby Books』シリーズ（偕成社）等多数。東京イラストレーターズソサエティ会員。日本タイポグラフィ協会会員。

023 愛知

お得大好き、赤味噌大好き、コンニャク多いの何のため？赤味噌ダレを、食べるため。

大阪の関空から和歌山〜三重〜岐阜と陸路はるばる、愛知は名古屋までやってきました。今回の取材では、日本を7つのブロックに分け、まず遠くに飛んでから、関東にじわじわ近付いて行く、という行程を繰り返す計画。もし時間があったら、全部陸路か海路で移動したいところなのですが……。

大阪から三重県までは、聞こえてくる言葉も食品も関西圏の印象でしたが、愛知県まで来ると西的な要素がばっさりと途切れる気がします。愛知県はどこの県にも似ていなくて、なんとなく独特で、頼もしく思えるのでした。

さて愛知県では図らずもまったく趣向の異なる3軒のスーパーを訪れてみることになりました。1軒目は名古屋から5駅目の新守山駅徒歩圏、「アピタ」新守山店。とにかく大きなメガストア。節電のためか外観の電気がほとんど点いていなかったため、思わず電話をして確かめたら、内部は問題なく営業。ホッ。巨大な店舗にありがちなのが、ものが揃い過ぎて平均化し、県民の嗜好がよくわからなくなってしまうこと。アピタもご多分に漏れず、何でもまんべんなく揃っていましたが、しかし、赤味噌だけは別！　様々なメーカー、大きさの赤味噌がかたまって並んでおりました。愛知県人が味噌を語るとき、それは100％赤味噌以外は考えられないんでしょうなあ。コメンテーターのオザワさんも「味噌と言えば赤味噌です」とキッパリ。もう少し聞いてみましょう。

「毎日の味噌汁も赤味噌、とんかつにも赤味噌、おでんや豆腐とかにも赤味噌。この赤味噌に関しては、名古屋人のケチな性格が反映されていると聞いたことがあります。普通、麦や米を入れて味噌を作るのに対し、大豆だけで味噌を作ったのは、昔、麦や米より大豆がはるかに安かったからなんだそう。まさに倹約家の多い愛知っぽい。売り場にコンニャクが多いのも、みそおでんや田楽にして食べるからだと思います。愛知の人はミソカツに代表される、赤味噌を砂糖や酒、みりんなどで溶きのばした味噌ダレが大好き。コンニャクが好きというより、みそを食べるためにコンニャクが必要なんでしょう（笑）」

この話は少なからず衝撃でした。そんなに好きなのか。好きなのでしょうね。ちょうど名古屋滞在中に、バリの王族に嫁いだ愛知県人女性のドキュメンタ

穴子を炙ればそりゃ旨い
いか うまい

スーパー一期家一笑のPOP。
ストレート。そしてデカい。

リーをやっていましたが「赤味噌は欠かさず実家から送ってもらっている」のだそうです。王族の生活でも、赤味噌が切れてしまったらそれを補うものがないのですね……。愛知県民は、赤味噌が安定供給されなければきっと生きていけないのです。

そして2軒目、名古屋タワー近くの「キッチュ・エ・ビオ」。オーガニック食品にこだわったスタイリッシュな内装のスーパーです。中2階にはカフェスペースもあり、椅子はすべてひとつひとつ違うという念の入りよう。ここで私が欲しかったのはオリジナルの牛乳「IKUTA FOOD MILK」(13)。うわさ通りセンスが良く、ヨーロッパのどこかのスーパーで売っている牛乳みたい。小さな厨房で作ったサラダやおかずはどんどん店頭に出てくるし、パンやチーズも旨そう。そして……どんなおしゃれ店舗でも、やっぱりあるのだ赤味噌が！　深い絆を感じないわけにはいかないですね。というかもう、入り込めませぬ。

そして3軒目は、名古屋をちょっと離れて豊橋からバス。全国でも成功しているローカルスーパーとして注目されている「一期家一笑」(いちごやいちえ)です。自ら「超ローカルスーパー」と看板を掲げた外観から、なにか特別なものがじわじわと伝わってきます。入り口の縁石にはカラフルなペイント。店の中に入ると天井のすぐ下あたりの出っ張りに汽車や船のプラモデル。そして、文字が大きく短文が基本、迫力のPOP。「いかうまい。」とか「鱈が旬」とか、もはやPOPというより標語に近いかも。これがばんばん目に飛び込んでくるのです。店の奥は端から端まで厨房。ここで作り出されるおかずを目当てに、平日の14時だというのに、ひっきりなしに人がやって来ます。レジの店員さんもとてもフレンドリーで、バーコードを通しながら、「あ、私、これ好き！」なんて話しかけてくれる。レジの人たちに会いたくて買物に行く人もいるのではないでしょうか。私も今晩の夕飯を選んでみました。「初恋レモンごはん」と「さんまの塩焼き」。レモンとシラスのバランスは言うことなし。毎日食べても飽きない味。特別、じゃなくて毎日、という方向に音を立てて突き進んでいるスーパーなのです(そしてもちろん、赤味噌団も標準装備！)。

もう一度食べたい、初恋レモンごはん。

ご当地コメンテーターに聞け！　愛知県出身　**オザワミカ** さん

出身は尾張地方に属し、愛知の西のはずれのほうの尾西市で、尾張文化色がかなり濃いエリアです。母親が九州の宮崎出身だったため、かなり保守的で堅実という尾張地方の県民性には、私はあまり当てはまらないことが多く、友達の行動や味覚が不思議なときがありました（笑）。愛知は名古屋を含む西側の尾張地方と名古屋より東側の三河地方に分かれています。とにかく方言が大きく異なり、具体的にこれということは思いつきませんが、文化の違いも結構あるのでは。とは言え、赤味噌大好きということには双方変わりなく、愛知は赤味噌でひとつになっていると言ってもいいかもしれませんねー。

Mika Ozawa:
イラストレーター。リトルプレス「hito」編集発行人。主な仕事として雑誌や書籍の挿絵を手がけていますが、最近はさまざまなクリエイターさんを紹介するリトルプレスの発行も。

024

三重

ひじきの文字はしっかりどっしり。下町の名脇役は、目の醒めるようなブルーとゴールド。地元で会えてホントによかった。

　三重での思い出は雨、また雨。といっても雨だったのは三重だけではなくて、基本的にどこに行っても雨がついて回る私としては、それほど珍しいことではありません。どこかに旅行に行って着いてから帰るまでずっと雨、ということも少なくないので（最初で最後のハワイは5日間すべて雨。それどころか悪天候で飛行機が飛ばないことも）、どこかに行くときはとりあえず雨という前提のもとに出掛けることにしています。

　そんなわけで三重の滞在中に太陽を見ることはなかったのですが、行くスーパー行くスーパーで三重産のものがたくさんみつかったこともあり、心はぱあっと晴れていました。この取材ではそこがとっても重要。「近隣の県ではよく見かけたのに、ナゼかその県の中に入ると県産のものがない」ということに、しばしば悩まされていたからです。三重は私の中で「スーパーに自県の産品が多い県ベスト5」に入ります。他は北海道、島根、徳島、それに沖縄。北海道と沖縄、というのは地域的文化的に独立しているから何となくわかりますが、それ以外の三重、島根、徳島については、「どうせなら地元のものを買おうか」という郷土愛が熱いのではないかと思っています。「地産地消！」ののぼりを作ってがんばっている県も多いのですが、これらの3県は特にそういったキャンペーンを張っている様子もないのです。

　ただ三重県民のパーソナリティについては謎も多く、「三重県民って何々だから」などという言い方もあまり聞いたことがありません。コメンテーターのたかぎさんはいかがでしょうか。「三重県って何地方なのかはっきりせず、近畿だったり、東海だったり、関西だったり、中部だったり、いろんなカテゴリーに入ってたり入ってなかったりします。県の形も縦長で、私は北部の出身なので南部のほうはよくわからないですが、なんとなく北部は名古屋の文化の影響が強く、東部は大阪の文化、南部はもっと濃厚な独特の三重文化があるのでは……という気がします。いろんな文化圏の「はざま」っぽい感じもしますが、そんな三重県民の誇りは『三重県には伊勢神宮がある！』これではないかと思います」なるほどそうでした、伊勢神宮。どっち付かずの県民性も、神のお膝元にいる身であるからこそ気配を消していると思えば納得がいきますね。もしかしたらそこが郷土愛の根底につながるのかもしれません……研究します。

そんな三重で巡ったスーパーは、「ぎゅーとら」「サンシ」など。ぎゅーとらは津新町駅すぐにエディース津新町店があり、虎のキャラですぐわかります。サンシは津駅から4つ目の河芸店から徒歩10分ほど。どちらも三重県産がたくさんでホッとします。それぞれ南北の出身で、「北部のサンシ、南部のぎゅーとら」といわれているとか。

さて三重のスーパーで心を奪われたのが、何と言っても「**キンミヤ焼酎**」（4）。いや正確に言いますと、関西圏ではおなじみなの焼酎なので、その前の京都大阪奈良でさんざん見ていました。三重に行ったら地元で会えるのね、と思っていたのです。このさわやかなブルーとゴールド、古典の中にモダンが光るデザイン。ルックスは完璧。他府県ではほぼビンの姿でしか見ませんでしたが、三重県では大きな紙パックもあり。私は牛乳やジュースなどの紙パック飲料のデザインを集めるのも大好きで、世界で色々な商品を見てきましたが、もし「世界紙パック飲料選手権」のようなものがあったらこれをぜひ日本代表として推薦したいと思います。紙パックの縁に「下町の名脇役」とあるのは、大分の焼酎「いいちこ」が自称する「下町のナポレオン」とは対照的。キンミヤ焼酎は、ストレートやロックでぐいっとやるよりも、サワーなど何かで割って飲まれていることが圧倒的に多いようですので、たしかに、脇役といえば脇役ですね。

パッケージデザインで注目するのは三重の「**ひじき**」類（10、11、13、14）。レトロ、とひと言では片付けられない個性があるので、見ると気になってついカゴに入れてしまう。カラーページで紹介している以外にも結構買っているのです。とにかく三重ではひじきの種類が豊富で、スーパーのオリジナルブランドまであるくらいなのですが、どれも非常に雰囲気が似ているのです。特にちょっと太くて上から潰したような文字。心の中で「ひじきボールド」と名付けています（書体の名前に～ボールドと付くと、太くなるという意）。みなさんご存知のようにひじきそのものはもっと細くて小さいものなので、何がこのような文字の形にさせているのか……これも私の研究課題のひとつです。

1文字の駅が日本にあると小学校のときに知ってからずっと来たかった「つ」駅。

ご当地コメンテーターに聞け！　三重県出身　**たかぎなおこ**さん

三重県の四日市市出身です。県民性はのんびりしていますかね～。しゃべり方は関西弁っぽいのですが、もっとだら～んとさせた感じで、語尾に「～やんなぁ」がよく付きます。なんかの調べで三重県は「日本一酒に弱い県民」だそうです（体内のアルコールの分解酵素の割合が少ない）。私は酒好きなのですが、よく酔っぱらったりもしてるのは、三重県民の遺伝なのかもしれやんなぁ～と思います。四日市市は「ジャスコ（現・AEON）」の前身である「岡田屋」誕生の地なので、ジャスコはたくさんあって、子どもの頃からよく行っていました。「ジャスコに行く」＝「遊びに連れてってもらえる」というイメージでした。

Naoko Takagi:
イラストレーター。『150cmライフ。』でデビュー。近著に『うちの犬、知りませんか?』（文藝春秋）。2013年春に『まんぷくローカルマラソン旅』（メディアファクトリー）を発売予定。

「この仕事は儲からないのう〜」と脳内でボヤいていた私に長野の牛乳がこう一喝！（ロケ地；長野駅前）

025

滋賀

湖は広いな大きいな、お菓子は断然京都もの。「とりやさいみそ」の本家はどっちだ！

兵庫の神戸から、滋賀の大津へ。ここもまた、私にとって初めての県です。大津駅直結のホテルから琵琶湖までは徒歩で10分くらい。この取材を始めてから日本地図を見ない日はなく、琵琶湖はいつも目に入っていましたが、その大きさまでは想像できませんでした。いざ来てみると……広い。素晴らしく広い。コメンテーターのふるさわさんから聞いたように、こんなにデカいものが県の真ん中にあったら、そりゃ文化的にばらけるのも当たり前だろうと思わざるを得ませんでした。

滋賀で訪れたスーパーは「平和堂」「パリヤ」など。大津駅のすぐ側には平和堂のアル・プラザ大津店が。平和堂は2012年の中国のデモで、日本資本のスーパーとして何度もニュースで見た人も多いと思います。中国では鉄の意志で再開。ここ滋賀では電車に乗って移動すれば何軒も見られるほど、駅の側にたくさんあります。彦根駅まで足を伸ばせば、駅を出てすぐに平和堂、バスで「彦根ニュータウン」まで行けばパリヤがすぐです。

滋賀は水も気候もよく穀物が育つので、岐阜同様、**麩**（9、10、14、15）が多く生産されています。家庭の食卓に上ることも多く、主に他府県が消費している岐阜とはちょっと違うようです。また、「京都に憧れがある」という通り、スーパーのお菓子（「そばぼうろ」など）の京都率がすごい。考えてみれば電車で20〜30分なので、実に身近な存在なのだと思います。

ひとつ気になったのは「とりやさいみそ」の存在。こちらはとても大きな箱入りパック。そう、石川県で紹介したものと同じ名前です。店員さんに聞いたところ、「石川の方は鍋に使うだけ、滋賀のは鍋以外にも使えますよ」と誇らしげ。……とりやさいみそ本家戦争勃発の予感!?

ご当地コメンテーターに聞け！　滋賀県出身 **ふるさわあや** さん

出身は南のほうで、大津に近いです。県の真ん中に大きな湖があるので、県民性は東西南北で違うようです。しかもいろいろなところに支配されてきた歴史があるので、独自の文化が育ちにくいのではないかと思います。しいて言えば規律道徳を重んずる近江商人発祥の地なので、堅実な働き者が多いのではないでしょうか。そんな滋賀県民の誇りは、他府県から来たお客さんを京都案内できること！ 滋賀県民は京都大好きなので、京都でお祭りがあるとこぞって出かけるのですが、京都の娘さんには滋賀の男はあまり相手にされません……。

Aya Furusawa:
イラストプロダクションの「クスクスオフィス」スタッフ。趣味は料理と時代劇鑑賞。現在公開が延期されているハリウッド版忠臣蔵「47RONIN」の動向が気になっている。

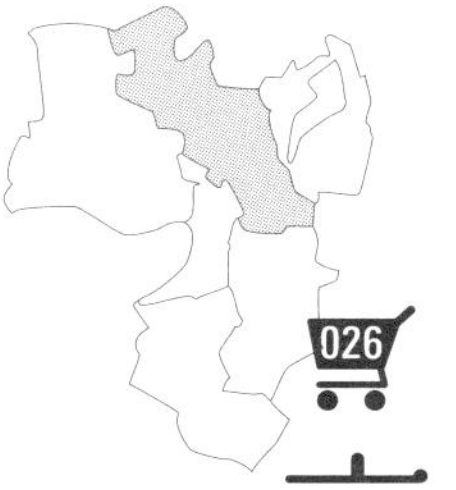

026 京都

餅を通して知る、京都の菓子屋ヒエラルキー。買物だけではもったいない、京都のスーパーが教えてくれる地理と歴史。

滋賀から電車で京都へ。なるほど、本当に近い。ゆっくり本を読むヒマなどまるでなし。20分くらいであっという間に着いてしまいました。

まずは京都の宿に向かいます。今回はリーズナブルなデザインホテル。連泊するような取材のときは、節約のためほとんどがビジネスホテルです。とは言え、最近のビジネスホテルは朝食が充実していたり温泉が付いていたり、あれやこれやともらえたり（化粧水とかパックとか……）、子供の頃に感じていた簡素でうら寂しいイメージはありません。しかしちょっと画一的で面白味に欠けるので、インテリアデザインの個性的なホテルがあれば、泊まってみることにしています。

今回の宿は「アンテルーム」。元はホテルではない物件を改装していて、寝具はもちろん、照明、ノブやフックのデザインにまで気を遣っているのがよくわかります。部屋がコンパクトなぶん、ラウンジはスタイリッシュで広々。友達と京都旅行に来たりしたときは、ラウンジで一緒にお酒飲んだりして、寝るときは別々、となるから案外効率いいかもです。

さて、ホテルに荷物を置いたらさっそくスーパー行脚へ。寄ったスーパーは「フレスコ」東寺店、「マツモト」五条店など。街にはまだ市場が存在する京都。地元の中小規模スーパーから巨大な全国チェーンのスーパーまで、よりどりみどりなのであります。

ごく普通のスーパーも、味にうるさい京都人のため、全国から選ばれたものが並んでいる気配が伝わってきます。京都産の食品が極端に多い、ということはありません。全国のものがまんべんなく置いてあります。

そんな中で、東京から来た身としてちょっと珍しく感じたのが、餅類が多かったこと。スーパーの中で占める餅コーナーの割合が、他府県に比べて確実に多かったのです。丸い餅、四角い餅、小さめのものから大きいもの。かなりの種類です。訪れたのはまだ10月末。正月にも遠いし……通年よく食べるのでしょうか。コメンテーターの藤井さんに聞いてみましょう！（藤井さんの奥様は漫画家の村田順子さん。ご夫婦そろって世界の美食ハンター。どれだけ美味しいものを教えてもらったことか……）。

「よく食べるかどうかはわかりませんが、『通年ある』のは正

京都らしい気がする、落ち着いた雰囲気のチラシ。茶色がベース。

しいです。理由は、京都における菓子屋の事情、菓子屋ヒエラルキーが絡んでいます。京都の菓子屋には3つのクラス（階層）があります。クラスの1番上は、お茶会や慶弔の行事で注文生産のみを受ける、高級和菓子店。店に小さな看板、暖簾がかかるものの、大げさな店構えや菓子のディスプレイは一切なし。店に入っても、落雁などが少量並んでいる程度です。あらかじめ電話で日時と個数、使用目的などを伝えて、当日配達してもらいます。2番目が街の一般的な菓子屋。上生菓子、最中などが、作り置きで店頭に並びます。いつ、誰が行っても買うことができます。来客のときに菓子を買いに走るのは、こういった店です。そして3番目が餅屋です。餅屋といっても餅だけを商っているわけではなく、おはぎなどのほかに、花見団子、みたらし団子、わらび餅、そしてごく簡素な和菓子を通年並べます。家内消費用に買う甘味の店ですね。で、質問の答えですが、3番目の『餅屋』が、今も京都には根強く残っているので、街に暮らす人たちは正月以外も日常的に餅を買いますし、食べるのだと思います。鍋料理に餅を入れる、うどんに餅を入れる（力うどん）など、餅を使った家庭料理も関東に比べて多いかもしれません」

　ありがとうございます！　そんな背景を伺うとますますスーパーが面白くなります。

　もうひとつ藤井さんに教えていただいたことがあります。京都のスーパーのものには「京都伏見の～」というラベルをよく見かけます。これは京都産品の目印としてとても有効なのですが……。

　「同じ京都市でも、伏見区はちょっと異なるように思っています。というのは、意外かもしれませんが、もともと伏見市であったのが、歴史的には最近と言っていい昭和6年（1931年）、京都市に編入されたのです。伏見はもともと伏見城の城下町でしたし、淀川水運の主要港である伏見港を有する港町でもありました。港町のような気性の荒さがなくおっとりとした公家文化である旧来の京都市と、伏見市は相容れないと、自分の親の世代は言っておりました。逆に、伏見の一部のプライド高い人たちは、京都市に編入されることに不満だったとも聞いています。首都圏でいうと、横浜と東京の関係に近いですね（横浜が東京に編入されるとしたら、ハマッ子は黙っていないでしょう、きっと）」

　恥ずかしながら、まったく知りませんでした。スーパーの小さな商品のバックグラウンドを知ることで、どんどん世界が広がっていきます。スーパーは、宇宙です！

ご当地コメンテーターに聞け！　京都府出身　**藤井美夫**さん

出身地は京都市です。京都御所の西、二条城の北、伝統織物で知られる「西陣」の真ん中で生まれ育ちました。京都（あえていうと京都市）の県民性は、日本じゅうのみなさんが考えている通りです。「いけず（性格が悪い）」「都（みやこ）意識が高い」「そのくせへりくだる（それがまたイヤミ）」。他に「しまつ（ケチ）」っていうのもありますね。けっして、友達にして楽しいタイプではないと思います（笑）。ひと昔前の京都は、地元の市場や商店街が発達していて、スーパーマーケットの存在感が薄かった。当時スーパーといえば「おしゃれな缶詰や瓶詰が並んでいる、アメリカ文化の香りがする場所」でした。

Yoshio Fujii:
編集者、出版社勤務。著書『もっと気楽にフレンチへ』（オレンジページ）。京都旅行は、気候の厳しい盛夏、厳冬、梅雨がおおすめです。観光地が空いていて、旬のおいしい料理もたくさんあります。

027

大阪

シャンソンが聴こえるおしゃれな空間。圧倒的な存在感、巨大なネオンがきらめく不夜城。すべてを許容する大阪の個性。

大阪は仕事絡みで度々訪れるので、とても身近に感じています。この本のためのスーパーマーケット行脚の前にも、アメリカ村の「TIGER」を取材したばかりでした。TIGERは、北欧デンマーク発祥の激安雑貨店。カラフルでキッチュでセンスのよい日用雑貨がてんこ盛りの、今ヨーロッパではものすごい勢いで店舗数を伸ばしているショップです。そのTIGERがアジア初出店、それも日本の大阪、と聞いてマスコミはどよめきました。てっきり東京に出店するものと思っていたからです。

TIGERの担当者に訊ねてみると、リサーチの結果、東京の人は買物に出かけるときに「今日は銀座」と決めたら銀座をぐるぐる回って出ない人が多いけど、大阪の人はもっと行動範囲が広く、買物のためにあちこち移動するのをおっくうがらないそうなのです。場所に固執せず、興味のあるところにはどんどん行ってみる好奇心、行動力、体力が、大阪の人にはあるので、大阪に出店したと。欲しいものはどこでも出かけるハンター。わかる気がします。

さて大阪で行ったスーパーは「パントリー」「イズミヤ」「KOHYO」「スーパー玉出」など。以前行ったスーパーも加えると、7~8軒は行っているかもしれません。おしゃれな雰囲気で評判のパントリーの蒲生店は整然として美しく、BGMはなんとシャンソン。時間を忘れて買物できそうです。一方、イズミヤの花園店は買い物客でごった返し、安売りのコーナーもあちこちに。従業員が声を張り上げて威勢がいい。大阪らしさを感じます。

大阪の食品は全国区のものが多いので、私から見ても昔なじみのものがいっぱい。しかもほぼ昔そのままの変わらぬパッケージだったりするので、出るわ出るわ、子供の頃の思い出が。**「黄金糖」**(18)は薄く黄色味がかった透明な飴。コメンテーターの森川さんにとって、子供の頃はこの味が大人っぽくてなじめなかったものの(たしかにちょっと喉が火照るような甘さがあります)、なめている途中に何度も口から出して、空や蛍光灯にかざしてその美しさを楽むのが大好きだったそうです。わかります、私が同じようなことをしたのは、UHA味覚糖の「純露」。調べてみると、味覚糖も大阪の会社でした。

北海道から沖縄まで、置いて

パインアメ(原寸)。

スーパー玉出のチラシ。
従業員の給料もうっかり
激安に見えてしまう…。

いないスーパーを探すほうが難しい「**パインアメ**」(7)。黄色い小さな飴で、パイナップルの輪切りのように、真ん中に穴が空いています。もちろん子供の頃からお世話になっています。私流楽しみ方としては、どこまで「輪っかの状態」をキープできるか。輪っかが細〜くなるまで、そおっとなめ続け、友達と黙々と競争していました。森川さんはたまに自転車でメーカーの前を通ることがあり、そのたびに、がんばっているなあ、と思うのだそうです。

「**ココアシガレット**」(11)も、何10年も印象が変わらないパッケージ。今回ものすごく久しぶりに食べてみましたが、お味は確実にグレードアップしています。昔はちょっと粉っぽくて、しっかりした風味があまりなかったかと思うのですが、今は違います。お店でみつけたら、ぜひ試してみてください。もちろん、お約束のタバコポーズをキメながら……。

さて最後に、この話題に触れないわけにはいきません。大阪の多くの人たちから「ここはぜひ行ってみて」と念押しされるスーパー玉出。情報を整理すると、「見たことないようなド派手な看板、店内放送も相当なインパクト、しかもたびたび1円セールをやっている超激安スーパー」とのこと。もちろん、行ってまいりましたよ。地下鉄岸里駅すぐ、スーパー玉出の岸里店。なるほど、聞いた通り、きょろきょろしなくてもすぐわかりました。周りの景観を完全に食っています。玉出以外に何があったか……思い出せないくらいです。スーパーの看板にしては見たことないくらい巨大で、ものすごく目立つ。大阪で言えば、道頓堀の川沿いにある巨大看板群、あそこにあってもおかしくないものが、1軒のスーパーの上にどーんと乗っているわけです。しかし入ってみると……あれ? 以外と普通。極端な演出をしているのはどうやら主に表で、店内の陳列は乱れたりせず特に変わったところはありません。しかも店に入るときに(たまたまその時間だけだったのだと思いますが)店員さんがていねいにお客さんのひとりひとりにカゴを手渡ししているのです。うーん、こんなサービスは世界でもあまりありません。最近はかなりのペースで支店を増やしているとのこと。大阪名物として君臨し続けるのでしょう。そして1度行くと、誰かに話したくなる……すっかり営業に取り込まれてしまいました。

ご当地コメンテーターに聞け!　大阪府出身　**森川弘子** さん

出身は、大阪府の真ん中あたり、大阪市内です。県民性はあんまり考えたことがありません。なのでよくわかりませんが、お笑いは好きです。でもよくたとえに出てくる(?)「土曜の昼は学校から帰って来てご飯食べながら吉本新喜劇見て〜」ということはなかったです。お好み焼きをおかずにご飯を食べたりもしません。スーパーにハマったのは、21歳のときに行ったバックパッカー的な旅行先のヨーロッパからです。外国のスーパーのレジの人の自由さ(お菓子を食べながらとか、知り合いが来たらお客そっちのけとか)を知り、日本のレジの人たちの素晴らしさを実感しました。

Hiroko Morikawa:
イラストレーター。主な著書に『年収150万円一家』『森川さんちの身の丈海外旅行 in ベトナム』(メディアファクトリー)など。2月中旬『節約一家 森川さんちのくすくす子育て』(竹書房)刊行予定。

028

兵庫

わかりやすいブランド商品は他府県人のために。ローカル食品は謎めいたところが魅力。

私が思う三大ブランド都市は「横浜」「京都」そして「神戸」。それを抱える神奈川県、京都府、兵庫県に共通しているのは、スーパーに行くと自県の産品がそれほど豊富ではないこと。その代わり、隣接した県では溢れ返るほどみつかります。

　理屈はこう。兵庫県に住んでいる人は、兵庫県のスーパーで買物します。商品パッケージに「神戸の～」とか「義士～」とあっても、地元のことだから特に何とも思わない。それよりも、どこのものでもいいからよりおいしいもの、いいものを買いたい。三重県のようなストレートな郷土愛とはまた違った愛の形が、スーパーに現れていると思います。だからこそ、ブランド名が入ったものよりも、なんでもない地元っぽいもののほうが魅力的に見えるのです。

　たとえばコメンテーターの宮川さんの大好物でもある「**鶯ボール**」（5）。東京では見たことがありませんが、兵庫のスーパーで置いてないところはまずありません。ただ、なぜうぐいすなのか。昔からそうだから、説明なんか不要なのです。「**イトメンのチャンポンめん**」（12）長崎じゃないのになぜ兵庫でチャンポンなのか。昔からあるから、不思議だと思われたことはないでしょう。「**アラ！**」（14）も兵庫の人は何とも思わないかもしれませんが、見たことのない関東や東北の人は、この名前がめちゃめちゃユニークで面白いと思っています。

　巡ったスーパーは「ｉｋａｒｉ」「マルハチ」「コープこうべ」など。コープこうべの三宮店は、観光客が多い地域なのに、なぜかそこだけ超ローカルな不思議スポット。店内の掲示板には店員さん手作りのカレンダーがあるなど、他のスーパーにはない安心感があります。隠れた名所、覗いてみてください。

ご当地コメンテーターに聞け！　兵庫県出身　**宮川リエ** さん

I ❤ 兵庫

神戸市灘区の出身です。県の南東の地域で、兵庫県では1番のおしゃれな地域だと自負しております。神戸は特別な場所と思われていて、県内でも憧れの街だと思います。「芦屋マダム」とかいう言葉がありますが、その実、芦屋に住んでいる人でも出身地を問われると「神戸」と答えたりします。生粋の神戸っ子というのは、同じ神戸市の中でも六甲山と港の間にある地域で生まれ育った人を指し、ある意味ではパリジェンヌと同じ位置付けです（笑）。海が見えない地域（北区や裏六甲の地域）は同じ神戸でも神戸っ子ではありません。神戸育ちにはその自負が強い人が多く、つい出身地の線引きをしてしまいますね。

Rie Miyagawa:
某化粧品メーカー勤務。大きなガタイに似合わずチマチマしたことが大好き。なんでも形から入るので習得本と道具だけはいろんなジャンルで揃っている。昔ながらの手芸店をみつけて掘り出し物を探すのが趣味。

029

奈良

いきなり現れる、区画を無視した建造物。スーパーで見る、気持ちのこもった筆の文字。

どこのスーパーに行くか決めるときは、やはりアクセスが重要。車を使わないルールなので、なるべく最寄り駅から徒歩で行けるところを選んでいます。あるとき奈良のスーパーの位置をネットの地図で調べていたところ、スーパーの向かい側に、区画を無視して斜めに配置されたショッピングモール？ いや、美術館？ のようなものが。しかも周りにお堀まで。「引き」で見てみると……なんとそれは古墳でした！「いそかわ」尼ケ辻店の向かい側には木がこんもりと繁った前方後円墳があり、その周りには普通に住宅があったのです。……すみません、初めて古墳を間近に見たので、興奮してしまいました。コメンテーターの福島さんによると、古墳自体は全然珍しくないとのこと。むしろ発見されてしまうと建造計画が大幅に遅れるので、あり過ぎるのもかえってありがたみがなくなるようです。

　さて、古墳ではなく、スーパー。他に訪れたのは「ビッグ・ナラ」など3店舗。どこも奈良産品のアピールはちょっと控え目です。福島さん曰く、奈良市民として言えば、地元産の食材には特にこだわりはないそう。流通から考えても大阪のほうが近いくらいなので、新鮮な物、良質なものは大阪や京都方面から来る印象があるとか。「奈良県民は保守的で怠惰なため、商品開発とか売り込みとかにさほど熱心でないかもしれない」とのこと。うーん、なるほど。

　私にとって魅力的だったのは、「**わかめ**」（5）と「**いわれ**」（8）など手で書いた文字を、そのまま使った商品。奈良には非常に多いのです。何千もの商品を見てきましたが、直接手で書いたラインには特別な魅力があります（ただしうま過ぎてはダメ）。文字に込めた感情は、見るに人に伝わるのです。

ご当地コメンテーターに聞け！　奈良県出身 **福島香織** さん

出身は奈良市登美ケ丘の学園前駅の近く。県の最北都市で大阪と京都に隣接、大阪のベッドタウンです。奈良県民は保守的、あるいは「かまし」「はったりが強い」と言われます。たとえば、最初に「威嚇的」「えらそう」なことを言ったあと、語気を和らげて譲歩すると相手からありがたがられるので、そういう態度をとることが多いようです。これは私が新聞記者として奈良の警官や役人を取材したときに感じたことでもあります。すごいめんどくさがり、怠惰なところがあるんです。人にモノを頼まれても、簡単にせず、すごく大変なことをしてあげる風を装います。少ない労力で大きく感謝されることを狙います。

Kaori Fukushima:
ジャーナリスト。元新聞記者。最近は年に4～5回、中国に取材に行っています。2012年12月に『中国“反日デモ”の深層』（扶桑社新書）を上梓しました。

030

和歌山

暑い夏も体調不良も、茶粥があればなんのその。あとは甘いお菓子があればいい。

大阪の関空から空港バスで30分ほど。初めて訪れた和歌山県。実は、大阪圏との違いがすぐにはわかりにくい。しかしスーパーに行けばすぐに決定的な違いがみつかります。梅干しの種類が多いのです。さすが紀州ブランド。とある中規模スーパーで数えてみたところ、「**紀州しそ漬梅**」(8)など、なんと約25種類もありました。しかもほとんどが和歌山産。ただ、メーカーは違えどパッケージのデザインにそれほど変化がないのがちょっともったいない気が。紀州梅がおいしいのはもう全国の人がわかっているので、所有欲をくすぐってくれる要素がもっとあれば……と思いました。

もうひとつ目についたのが、「**ほうじ茶**」(11)類の多さ。コメンテーターの畑さんから聞くことには、ほうじ茶で作る「茶粥」は和歌山県人にとってのマストアイテム。暑さにバテてもサラサラと入るし、特に風邪をひいたときにはコレだそうです。そういえば和歌山のホテルの朝食の目玉だったりもしました。お粥さん(おかいさん)と呼ばれて親しまれているようです。

また、県産、県外産のものに関わらず、どのスーパーも売り場面積に対してお菓子類の多いこと。静岡や鹿児島もそうですが、よいお茶の多いところは菓子類も多い。お茶をおいしくいただくためにお菓子が存在しているような印象です。

和歌山で行ったのは「オークワ」和歌山中之島店、「マツゲン」本店、「ゴトウ」など。オークワは和歌山駅徒歩圏、マツゲンは和歌山城付近で、和歌山駅から歩けない距離ではありませんが、バスのほうが楽ちんです。マツゲンでループする演歌調のテーマソング、あなたも1時間店内にいたら完璧に歌うことができるようになるでしょう。

ご当地コメンテーターに聞け！　和歌山県出身　**畑秀樹** さん

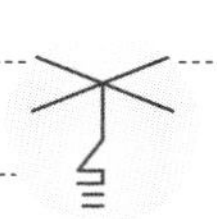

出身地は和歌山県の紀南という所。和歌山県は大きく分けて紀北と紀南になります。基本のんびりしたお人好しという県民性ですが、情熱的で衝動的な部分も強いと。自分自身……多いにあるでしょうね。県民性、血に刻まれていると言っても過言ではないくらいに。初めてアルバイトしたのは地元のスーパーだったなぁ、内緒だったけど。裏方でサンマのお寿司のための小骨抜きをひたすらしてました。寒い冬に氷水に手を突っ込んで、冷え冷えの思い出がありますね。それでも「名産品を作ってるのは俺だ」みたいな感覚はありましたね。

Hideki Hata:
cocococo design-lab.デザイナー。空間からプロダクトと幅広く活動。興味・研究・発見をデザインの素とし、「もっと!!」を求めて日々爆進中。

031 鳥取

カレーとちくわが好きならば、とにもかくにも鳥取へ。考えるな、感じろ！

ずいぶん昔、学生の頃に砂丘の写真を撮りに、東京から鳥取まで行ったことがあります。たしか駅からバスで砂丘まで行ったところ、すでに夕方だったので帰りのバスがなくなり、行きの車窓の記憶をもとに歩いて駅まで戻ったという……。タクシーに乗りたくても金はなし、携帯などないので地図が見られるわけでもなし、それでも難なく戻れたのは、若くて野生のカンが冴えていたからですね。

　さて当時はスーパーに寄る余裕などなかったものですから、じっくり見たのは今回が初めて。行ったスーパーは「サンマート」湖山店、「TOSC」鳥取本店などです。

　関東から来ればすぐ気付くのが、ちくわの種類の多さ！　とうふちくわ（魚のすり身と豆腐を合わせて加工した鳥取の郷土料理）はもちろん、焼きさばちくわ、アゴちくわ、鯛ちくわ、いわしちくわ、それにネギ入りとうふちくわ、カレーとうふちくわ、数えるとなんと20種以上ありました！　そしてもうひとつ。カレーのコーナーにあらゆるメーカーのルーが揃い、ご当地レトルトも有名なものからマニアックなものまで異様に充実しています。売り場の看板には「カレー王国、鳥取」。実は鳥取県、総務庁の調査で、カレールーの消費量で全国首位を連続して獲得したこともあるカレー好き県民。県を挙げてアピールしているのです。コメンテーターの山本さんによると、共働きが多く重宝、らっきょうが名産、ピリ辛好きなど、カレーが消費される条件が揃っているのではないかとのこと。さっき列挙した中にもちゃんと「カレーちくわ」があるし、お店のメニューに「ちくわカレー」があることも。ちくわのだしが利いていておいしいそうです。次にまた鳥取に行くときの楽しみが増えました。

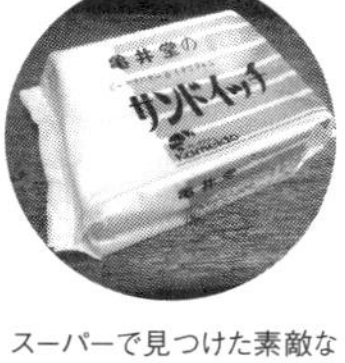

スーパーで見つけた素敵なサンドイッチ。ジャムとピーナツバターの、昔何度も食べた味。

ご当地コメンテーターに聞け！　鳥取県出身　**山本希**さん

鳥取県の西部、米子市の出身です。なぜか西部以外の地域に行くと、隣りの県に行ったような感覚になります。電車に乗っただけで旅行気分になります（大人はひとり人1台車を持っています。公共交通は使いません）。県民性は、おっとりとした人が多いイメージ。おおらかな人が多いと感じます。家庭料理と言えば、両親が共働きで、祖父母も一緒に住んでいたので、毎日の食事は祖母が作っていました。食卓には常に何種類ものおかずが並び、机から溢れるほどで、主に煮物（大根や豆の煮物）や漬物でした。子供はあまり食べないので、別にから揚げやハンバーグも作ってもらっていました。

Nozomi Yamamoto:
デザイナー、イラストレーター。桑沢デザイン研究所卒。いつも、イラストを描いています。
gankooo.web.fc2.com

032

島根

観光している間だけ、清く正しくなれるかも。誰もがホメる、思い出に深く残る場所。ある意味、松江は日本のハワイだった。

授業の前に必ずムダ話から始める先生みたいですいません。この本の取材で日本を回っていた頃の私の毎日は、こんな感じでした。ビジネスホテルに泊まり、朝5時頃からチェックアウトまで仕事（別の本の原稿を書いていました）。チェックアウト後にスーパーの取材開始、夜22時頃にホテルに戻り食事して寝る。週に2日ほど、学校の非常勤と立体造形の仕事のために東京に戻る。これの繰り返し。タイトだけど、毎日10キロ近く歩き、夜は早めに寝ていたので体調はすこぶる良かったのです。今は昼から朝6時過ぎまで座りっ放し。いけませんね。

さて松江の取材話をすると、行ったことのある人は「松江はいいよね～」と必ずホメます。けなす人には、まず、会ったことがありません。それはまるでハワイについて語られる状況に似ています。私もハワイに初めて行ったのが2～3年前でしたから、それまでいろいろな人からさんざん評判を聞かされていたわけです。「あの空気は行ってみないとわからないよ」「とにかく太陽が違うから」と。そして行ってみたハワイでは雨女パワーを遺憾なく発揮して滞在5日間中ずっと雨が降ったのでした……。そして松江。信じられないくらいの好天に恵まれ、「ああ、このことか！」と納得できました。日光を反射する川面、ゴミひとつ落ちていない広い道路、整備された公園、手入れの行き届いた建物。道中、県庁舎でトイレを借りたのですが、まるで時間が止まったような、昭和時代の映画のセットにも似た内観。いや、セットでもこれだけのものは絶対に再現できないと思います。年期が入っているとはいえ、手入れが行き届いていて美しい。廊下のずっと奥のちょっと暗がりになっているところに「世界遺産室」という札が見える。その課の中では、毎日どんな仕事をしているのだろう？ すれ違う、庁舎で働いている人たちも凛としていて、ああ自分は何をしているんだろう、もっとちゃんとていねいに日々を積み上げ、清く正しく生きなければ!! とひとり猛省するのでした（……東京に戻る頃にはすっかり忘れ、すぐにぐだぐだな日々が戻ってきますが）。

依然として続く気持ちのよい気候のもと、訪れたスーパーは「みしまや ヴェルデ」中原店、島根県産のものがたくさんみつかる、庶民的で居心地いいスーパー。しかも地方発送をお願い

つい風景写真を撮ってしまうのは
私にとっては珍しいけど、
きれいだったから仕方がない。

すると、すべて箱詰めはお任せで、東京まで600円でした。助かります。もう1軒の「ラパン」母衣町店は、美術館のような外観、日本じゅうからセレクトしたちょっといい食品が並んでいます。秋田より塩魚汁（しょっつる）のバリエーションが豊富なのには驚きました。しかもソースに至ってはなんと30種類も。

スーパーで多かったのは団子用の食材。だんご粉、きな粉、あんこ、ひと通り揃っています。コメンテーターの鎌田さんによると、団子を作ったり食べたりする機会は結構多いのだとか。最も有名なメーカーがナンメ（カラーページに4つも登場しています）。山陰では抜群の知名度で、あちこちの県で、地元のメーカーだと思い込んでいる人は多いようです。それと、小麦と玉子を使ったさくさくのせんべいもよく見ます。最も感激したのは「**木次パスチャライズ牛乳**」（20）が当たり前のように店頭に並んでいたこと。東京ではたまにしか見ないうえに、あってもすぐに売り切れてしまうものです。パッケージのカラーリング、レタリング（文字の形）も個性的で、どの県のどの牛乳とも似ていないから、お店にあるときはひとつだけでもすぐにみつかります。

麸もたくさんありました。47都道府県を折り返して久しいですが、麸はどこまでもあり続け、本当に全国で生産されているのです。鎌田さんのご家庭では、豆腐や油揚げと一緒に煮たり、味噌汁に入れることがよくあるそうです。「意識したことはあまりないけど、考えてみると結構食べているもののひとつ」とのこと。私もこの取材前まではあまり麸に縁がなかったのですが、今はよく食べるようになりました。

今回はちょっと選外でしたが、島根産のワインも結構多いことを知りました。次に来たときは色々と試してみようと思っています。

ところで三重のページで、「スーパーに自県の産品が多い県ベスト5」の話をしました。ここ島根県も入っております。（他は北海道、徳島、沖縄）。三重県同様、県産のものを買おう！というキャンペーンを大々的に繰り広げているわけではなく、当たり前のように県産品があって、当たり前のようにそれらが売れる、ということのようです。

スーパーから駅に戻る途中、偶然通りかかった観光地「京店商店街」の甘味屋さんでお茶とぜんざい……ではなく、安倍川餅をいただいてしまいました。あとで聞くところによると松江はぜんざいの発祥地だったので、なんとなく、もったいないことをしたと思いました。

スーパーには知らない魚がいっぱい。

ご当地コメンテーターに聞け！　島根県出身　**鎌田剛**さん

島根県出雲市出身。現在は松江市在住。県東部です。県民性はとにかくまじめ。文句を言わず、こつこつとやる。常に謙虚で、逆に人に対して抱く感情を読み取りにくい一面もあります。基本、控えめです。いつもズケズケと言っちゃう自分にはあまり当てはまりません。石見地方（県西部）は言葉も違い、ものごとをはっきり言う人が多いので、東と西で大きく県民性が変わります。昔は農協がやっているスーパーがすべてでしたが、いろいろな大型チェーンが出来たりしてしのぎを削る状況です。基本的に魚が安い！　日本海のブリやアジなど、刺身がおいしいです。

Tsuyoshi Kamada:
会社員。高校まで島根。16年間の東京暮らしを経て、地元企業にUターン就職。娘のらさ（5歳）はスーパーが大好き。いつも親にくっついて買い物しています。

033

岡山

燃えろ岡山！　燃やすなジーンズ。内面は、激しく燃えてる岡山県。

岡山のコメンテーター、柏谷さんから聞いた話の中で一番好きなエピソードがこれ。「20年以上も前の話で恐縮ですが、岡山県民があまりにのんびりしているので、県が『燃えろ岡山』をスローガンに掲げたことがあります。役所はもちろん、消防署にまで『燃えろ岡山』の垂れ幕がかかっていたのは本当の話です（笑）」すごいですね……県が、県民のパーソナリティにまで口を出すという。ちょっと調べてみましたら、1980年代の岡山生年会議所の記録に「燃えろ岡山県民健康体操」なるものもあったようですね。うわー、どんなものか、見たい！

なるほど岡山の県民性はのんびり……だからというつながりはあるかどうかわかりませんが、岡山ではあまり岡山産のものがみつかりません。小さい頃にあれだけ東京で食べた岡山産のきびだんごも、どこにもありませんでした……。お茶もお酒も、他府県のものに埋もれて、やっとみつかるという感じ。「**蒜山ジャージー牛乳**」（7）を除いては。実は岡山のスーパーのもので一番感心したのは、「マルナカ」下柳店で売っていた、オリジナルの岡山デニムのエコバッグ。柏谷さんによると、倉敷市児島のジーンズは有名。昔は学生服の生産量で国内一でしたが、だんだんジーンズに力を入れるようになったそうです。「国産ジーンズの『ボブソン』＝『日本製ジーンズを作って、ボブ（アメリカ人）に損をさせよう、が社名の由来』も、岡山のメーカーです」へえ！　アメリカのボブさんたちが知ったらちょっとショックですね。のんびりしていると思いきや、そういうところは結構あからさまなのが面白いと思いました。ますます岡山から目が離せません！……。

B級グルメ蒜山焼そばもスーパーで売っている。焼き肉のタレ風味。

ご当地コメンテーターに聞け！　岡山県出身　**柏谷直子**さん

倉敷市の出身です。年に1度、実家に帰るたびに、大原美術館やアイビースクエアに立ち寄り観光客気分で街を散策していますが、いつの間にかこじゃれた店が増えて、なんだか落ち着きません。台風が来ないし、地震もないし、暖かくて1年じゅう気候が穏やか。気候的に恵まれている⇒よその県の人が自然災害の被害にあっても、いまひとつその大変さがわからない⇒「情がない」「冷たい」と思われている…という話を聞いたことがあります。あとは、衣食住が充足しているので、おっとりしているとも。私もよく、おっとりしてると言われます（実は超短気なんだけど、相手には伝わらないみたいです）。

Naoko Kashiwaya:
フリーの編集・ライター。からだと心にいい本を作っております。担当書籍に『湯島食堂　ちからがわく野菜の100皿』『かんたんセルフケアでからだが変わる　冷えとり整体12カ月』（共にメディアファクトリー）など。

034

広島

知らないうちにじわじわと、ふりかけによって日本を支配。おかえりなさい、初代チー坊。

私が好きな街の条件のひとつに、「路面電車が走る街」があります。ひとめボレして2年間アパートを借りてしまった香港も、路面電車の街でした。

さて広島で寄ったスーパーは「マダムジョイ」己斐店。ここはまさに路面電車の駅（西広島駅）直結の素晴らしいロケーション。広島産の製品も多いし、小規模だけど品物は充実しています。他に「ユアーズ」十日市店、「ナイスムラカミ」など。

実は、この本のコラム用に「日本全国ふりかけ巡り」なるものを企画していました。47都道府県のふりかけを集めて食べ比べてみよう、という楽しいページになるはずでしたが……始めて数県で挫折。各県のふりかけがみつからないと言うか、圧倒的に広島産が多かったのです。三島食品は私が子供の頃からすでに全国制覇しているし、タナカも西日本をカバーしています。では広島人とふりかけとの関係はどうかというと、コメンテーターの山崎さんのご実家ではふりかけだけでご飯を食べるのは行儀よくないとされていて、おかずをすべて食べたうえで最後にちょっと使うくらい許されたものとのこと。しかも小学校でも同じような指導があったそうなので、今もそんなになじみがないそう。ふりかけは大人のもの？（私は子供の頃、よくふりかけだけで白米を食べておりました……）。

現在広島県民が誇る商品といえば、かわいくて楽しいチチヤス商品。昔から愛されているキャラクターとロゴタイプ（「チチヤス」の文字）。キャラの「チー坊」は、時代と共に少しずつ変わってきたものを、現在は初代に近い状態に戻したそうです。いろいろデザインを変えたうえで、やっぱり最初に戻したら丸く収まった、ということは、結構ありますね。

ご当地コメンテーターに聞け！　広島県出身　**山崎吉広** さん

I ❤ 広島

広島市西区の出身です。広島生まれの広島育ちなのですが、両親が道産子なので文化的には半々の家庭でした。小さい頃から広島弁で話していましたが家族のベースが北海道でしたので、そんなに濃くなかったのかもと思います。よく言われる県民性としての「広島カープとお好み焼きをこよなく愛する」という点は今でも自分に100％当てはまっています。ただ勝ってるときしか応援しないっていうのも広島県人。冷たいですね！　熱しやすくて冷めやすい…そうなのかもしれません。たまに帰省した際には広島弁を使いたいと思うのですが、少し照れくさいのかなかなか自然には話せません。

Yoshihiro Yamazaki:
民放テレビ局社員。長年放送用CG制作の部署にてテレビ番組用の映像を制作。現在はWEB担当。自称テオ・ヤンセンの日本で2番目の弟子。『アニマリス・オルディスを作ってみる』を執筆準備中（うそ）。

035

山口

スーパーの売り場を見ればすぐわかる、餅と山口県人の切っても切れない密な関係。

数年前、とあるキャラクターの審査と立体化のお仕事で、この地にお世話になりました。地元の方々とじっくりお話できる機会もあり、お酒も入ったところで突如「山口だからといって何かのキャッチフレーズにむやみに『維新、維新』と使われるのはちょっと困る」と仰った。「なぜなら、その後はどうしたとせっつかれるのが面倒で……（笑）」とのこと。何より誇らしいことかと思っていたら、意外で、場も和みました。

さてそんな思い出の山口再訪、行ってみたスーパーは「アルク」山口店、「コープ山口」「マックスバリュー」など。売り場を一見して思ったのは、京都の次に餅（やもち粉）が多いということ。さっそく、コメンテーターの山根さんに聞いてみました。

「たしかに、もち粉のお菓子はよく作ってもらったかな。たとえば夏に母が必ず作るのが、かしわ餅。葉っぱが夏にとれるんで。叔母は外郎《ういろう》ももち粉で作ってました。山口の外郎ってもっちりおいしいんですよ。初めて他県のを食べたとき『何これ！　外郎じゃないぞ！』とショックでしたもん。他県のは米粉ですが、山口のはわらび粉を使うんですって。伯母のもち粉外郎も市販のも、ホントおいしいんですよー」。ところで山口のスーパーで見かけた餅は丸かったんですが。「山口では丸が普通ですよ。実家では正月前に餅をつき、熱々のうちに丸くします。もう少しすると『寒（かん）の餅』も。あと、家の棟上げのときに投げる『餅まき』にも紅白の餅が欠かせません。もちろん丸いです」なるほど！　これは何というか、餅歳時記？　京都のような商売上のヒエラルキーに餅が乗っかるのではなく、普段の生活に入り込んで密着している感じなのですね。ううむ、ますます面白い！

ご当地コメンテーターに聞け！　山口県出身　**山根かおり** さん

出身は広島寄りの山口。今は「岩国市」ですが、私がいた頃は「玖珂郡」でした。今でも郡っぽい田舎感たっぷりです。近所で有名な場所といえば「いろり 山賊」。高校を出てすぐ上京したので、いつのまにか東京での年月のほうが長くなりましたが、最近山口を意識することが多いんです。なぜか？　日本酒です。大人になって知ったんですけど、山口には銘酒が多い！　有名な獺祭の蔵元も実家の近所だし、五橋や雁木の蔵も近いです。貴とか東洋美人とか、呑兵衛なら「おお！」と思うお酒が県内にいっぱい。きき酒師になった理由のひとつには「山口のお酒をもっと知ってほしい」という想いもあるんですよ。

Kaoli Yamane:
企画も手がける編集ライター。日本酒が好き過ぎてきき酒師になり、料理好きが高じてクッキングインストラクターに。デザインマニアのカメラマン（夫）と共に、おいしいもの、インテリア、デザイン、場所、ていねいな暮らし方などを伝えている。 www.matricaria.jp

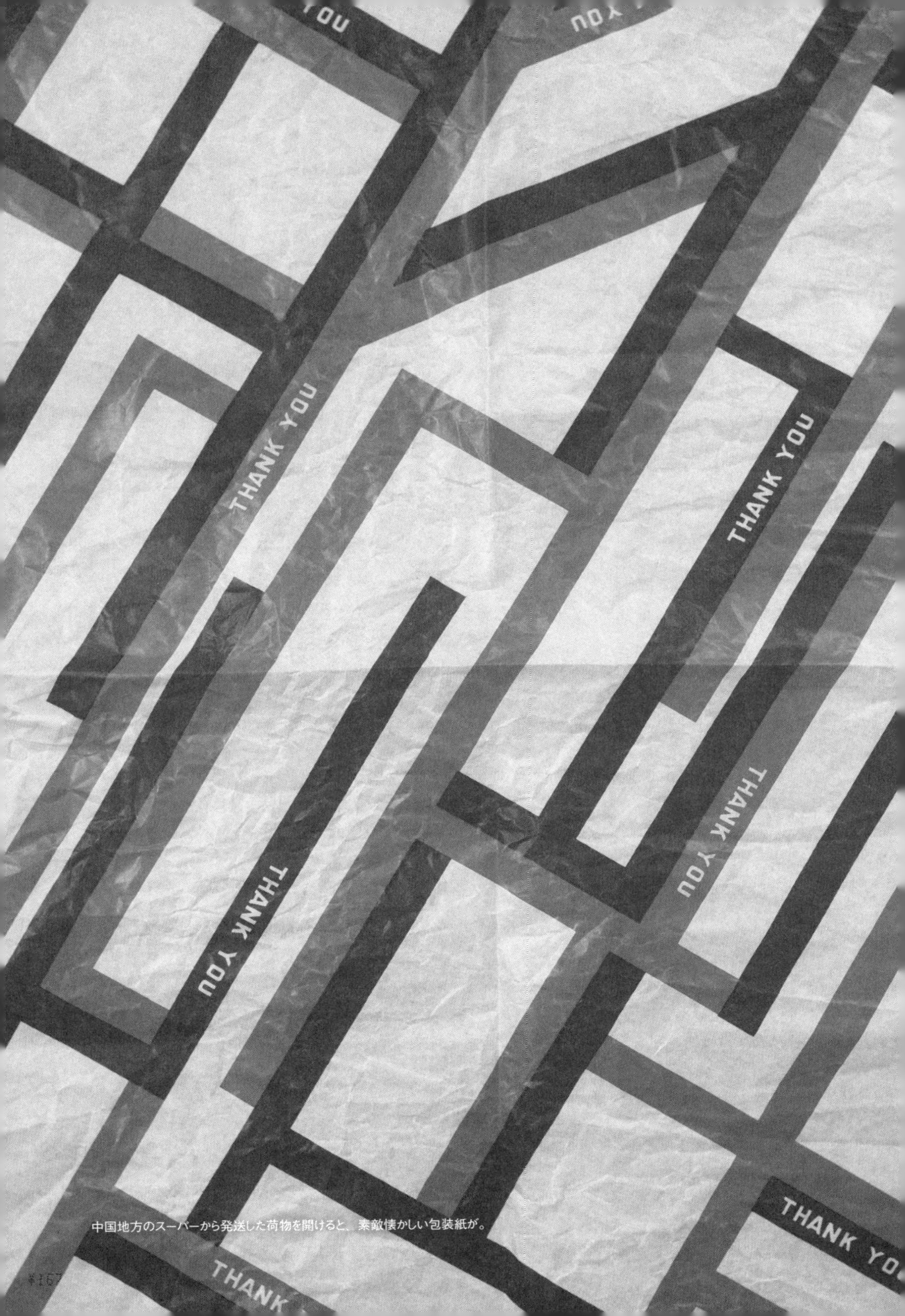

中国地方のスーパーから発送した荷物を開けると、素敵懐かしい包装紙が。

036 徳島

すくすく育つ、ソース類。あっちもこっちも徳島産。迷ったら、店員さんに聞いてみよう。

四国は空路で愛媛から入り、時計回りに高知から出ることに。徳島県は初めての地。訪れたスーパーは「キョーエイ」二軒屋店、「ファミリー両国」本店など。三重、島根のページでお話しした通り、徳島含めこの3県は、自県で生産したものが豊富な所。どこを向いても徳島産。安心して買い物ができました。むしろ県産のものが多過ぎる、という予想もしていなかった事態に。てんこ盛りのカゴをキョーエイの店員さんに見てもらって、どれが特におすすめか聞いてみると……「**味付けのり**」(3)これは徳島で一番おいしい海苔よ、と。それから「**カガヤのお好み焼きソース**」(10)1本あればお好み焼き以外に何にでも使えるから。さらに「**オサメソース**」(16)も。オーガニック素材なので、健康志向の方には特におすすめとのこと。ソース率高いのですが、たしかに徳島のスーパーはソースが多い。どういうことなのか、コメンテーターの東尾さん曰く、「主な原料となるタマネギは淡路島にあるし、徳島は農産物に恵まれています。そして鳴門は製塩業が盛んな地域だったので、ソースを作るには立地がいいような気がします」とのこと。なるほど。

ついでに海苔については「でました、徳島の鉄板！ 中毒者続出の禁断の味。最近はその価値に気付いた商売人も多く、駅前やバスターミナルのお土産コーナーへの進出が目立ちます。ええ、ご飯3杯はいけます」だそうです。わー、私、大変なものを選んでいたのですね。たしかにあとで食べてみて激しくおいしいことに気付き、なんでもっと買ってこなかったのかと。後悔しているもののひとつです。また徳島に行く理由が、できました。

とあるスーパーの整然としたチラシ。アジアのどこか別の国のような、なんとなく日本離れした佇まい。

ご当地コメンテーターに聞け！ 徳島県出身 **東尾厚志** さん

徳島県のほぼ中央にある神山町の出身です。徳島県の県民性は「質素倹約」平たく言えばケチという噂も……汗。88ヵ所を巡るお遍路さんをもてなす「お接待の気持ち」は深く根付いています。僕も自分のお店を訪ねてくれるお客様に、ここがおいしいよ、あの人が面白いよという地元の情報を提供したいと考えてますが、これもお接待？ いやおせっかい？ 阿波踊りはすべての県民が完璧に踊れます……それは冗談です。ただ学校の運動会のプログラムに必ずありますから、必ずやったことはあると思います。僕ですか？ ちっとも踊れません。見るアホウタイプです。

東雲

Atsushi Higashio:
2011年12月徳島市に東雲（しののめ）をオープン。民藝の器や徳島の家具職人の作るオリジナルテーブルなど、良質の生活雑貨を提案している。また同店舗のコミュニティスペースでは、地域の魅力を再発見するイベントも開催する。http://note.sinono.me

037

香川

1度は行くべし回るべし。香川のうどんとスーパーマーケット。

絵に描いたような
こんもりした山をくぐって
高松に来た。

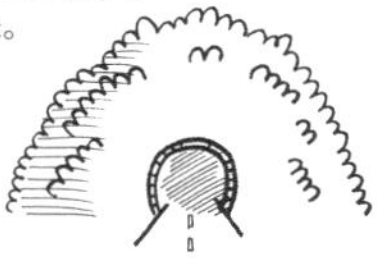

　香川＝うどん、であることは、うまい具合に全国に知れ渡りました。私も数年前に四国の友人に案内してもらい、「こんなところに?」と思う所にとびきり旨いうどん店があったりすることに感激したものです。製麺所が点在しているので、地元民はそこから近所の商店やスーパーに卸される生麺を買っています。コメンテーターの宮武さんはといえば「今思えば2～3日に1回は必ずうどんを食べていました。多いときは毎日、へタしたら毎食もあったかと。安いしおいしいし、他に外食がないんですもの……。でもそれを不満とも思っていなかったのが不思議ですよね」いや、おいしいですから、当然です。

　高松で訪れたのは「マルナカ」サンポート店、高松駅から徒歩圏、隣りには自家用ボートの展示場が。それと「マルヨシセンター」片原町店は、高松から電車でひとつ目の片原町駅直結。他「きむら」「コープ香川」など。

　どのスーパーにも常に5種類前後揃っているもので、初めて食べたのが「**しょうゆ豆**」(7)。そら豆を焦げ目が付くまで煎ってから醤油やみりんで煮込んだもの。ほろ苦さと、皮が残り口の中でぽろりと崩れる独特の食感があります（宮武さんはそれがあまり好きではないそう）。もうひとつが「たくあんのきんぴら」。もともとは残ってしまったたくあんを再利用する郷土料理なのですが、スーパーには「**キンピラ用たくあん**」(15)という、最初から古漬けになったたくあんが売っているのです。水に浸け煮込んでからきんぴら同様の味を付けるのですが、これがなかなかいける。しかもカレーによく合います。日本でさえこんなに知らない食品があるのに、世界のものを知るには何10年かかるのか、と思うと楽しくなってまいりました。

ご当地コメンテーターに聞け！　香川県出身　**宮武芳江** さん

西讃（せいさん）と呼ばれる、香川でも高松より西の地方です。県民性は、のんびり、ぼんやり、県への愛は意外にない。その割に他者（県外の人や企業など）への警戒心が強い（シャイで人見知り？）。自分にも当てはまると思います（笑）。瀬戸大橋完成後の観光バブルのときにそのシャイな性質ゆえにサービス産業が行き届かず、リピート客を取り逃がしてしまったということがあったようです。今は無愛想でも許される「うどん屋」で観光を成り立たせることができて、カゲながら胸をなで下ろしています。

Yoshie Miyateke:
メディアファクトリー編集者。うどんにはそれなりにウルサイ…が、テーブルマーク（旧加ト吉）の冷凍うどんが大好物。けらえいこ著『あたしンち』単行本の担当をしています。最新刊18巻では立体キャラクターたちの華やかなパレードが。

038

愛媛

麦味噌の味噌汁には、松山あげを投入だ。他のどこにも似ていない、ここだけのスーパー、愛媛にあり。

四国取材は愛媛の松山空港からスタート。まずはさっそく、空港から徒歩圏の「スーパーABC」空港店へ。ちょっと外国っぽいラインナップで子供ゴコロに刺激を受けたと、何人かの愛媛人におすすめされたスーパーです。コメンテーターの池田さんにとっても、輸入品があっておしゃれだったイメージ。でも空港店は……あれっ？　と思うくらいジャパネスク。入口付近に地産ものが積まれ、奥に行けば壁に巨大な平仮名で「おにく」「おかず」「のみもの」と書いてあり、レジの側には黒い柱に、大きな掛け時計。そして時が止まったようなピンクの公衆電話。むむ、これは……むしろ寺山修司の世界？　しかしたしかに、今まで巡ってきたスーパーのどこと も似ていない独特な雰囲気。これはこれで、好きです！

一方、「フジ」フジグラン松山。こちらもかつて経験したことのないくらい活気がある、華のあるスーパーです。どこを見ても食品で溢れ返り、人はみんな活き活きしています。松山は豊かだ、と直感したスーパーです。他に訪れたのは「セブンスター」「ハトマート」などです。

西日本でかなりの確率で見かけたのが愛媛の「**松山あげ**」(14)。そのまま使える油揚げで、熱湯をかけて油を落とすなどの手間が一切いらないのが嬉しい。歯応え、味とも気に入りました。東京での目撃情報もありますが、私の周りにはないので、お取り寄せ決定です。

麦味噌の種類の多さにも驚き。ある店舗は麦味噌だけで12種類！　池田さんによれば、家庭の味噌が麦味噌なのは圧倒的多数。そして、おでんにも麦味噌ベースの味噌ダレを付けるのが常識だそうです。実は今までおでんに味噌を付けてを食べたことがない私。マイファースト味噌おでんは、愛媛に決めた。

スーパーABCのディスプレイに使われていた箱。シブかわいい。

ご当地コメンテーターに聞け！　愛媛県出身　**池田暁子**さん

中予の松山市出身。両親は2人とも南予の出身です（愛媛は、東予、中予、南予に分かれています。県民性も、その地域ごとに違うと言われています）。自分については、おっとりしているように人から言われるので、県民性はわりあい当たっているのではないかと思います。中学生の頃、部活の合間にスーパーABCにジュースを買いに行っていました。輸入品があったりしてちょっとおしゃれなイメージ。「グアバジュース」を初めて飲んで慣れない味にうえっと思ったり、当時流行っていた、アルコール1%未満で微炭酸の缶ジュースを背伸び気分で飲んだりしました。

Kyoko Ikeda:
主にコミックエッセイを描いているイラストレーター。『片づけられない女のためのこんどこそ！片づける技術』等、苦手分野を自分なりにどうにかする「人生立て直しシリーズ」が好評。 www.ikekyo.com

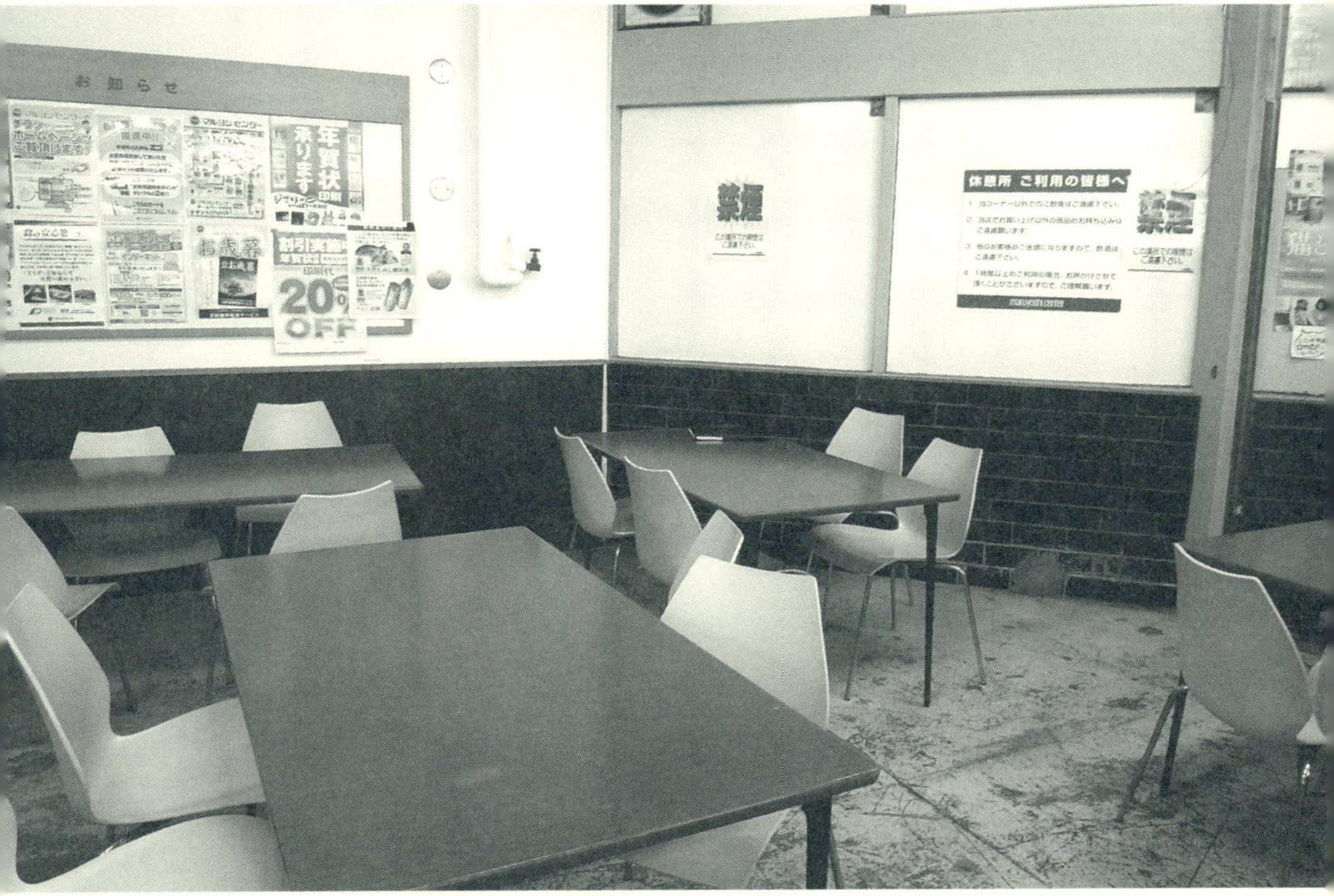

四国のとあるスーパーの一角にあったフリースペース。このビミョーな「ほったらかされ感」が落ち着く。

039 高知

酒と柚子の南国土佐は龍馬だらけのテーマパーク。夢に見るほど好きになったら、ミレーの枕をお取り寄せ。

徳島からは高速バスで高知にやってきました。四国の移動はバスが便利。四国に限らず、日本全国に網の目のように巡らされた高速バスってこんなに便利だったんだ、とあらためて気付かされた今回の取材です。時間を選べば混雑することもめったにないので、たいていは2席を独占できます。電車よりは時間がかかるけど、そのぶん車内でくつろげる。スケジュールによってうまく使い分けたいものです。

　さて私、高知に来たのは初めてぜよ。さぞ、あちこち龍馬だらけかと思っていたのですが、やっぱり龍馬だらけでした。駅前の彫像にはだれもが気付きますが、商店街の垂れ幕にプリントされていたり、飲食店のエントランスに黄金像があったり、建物の壁にシルエットだけあったり。ここまで来たらみつけて歩くのもテーマパークのようで楽しい。スーパーで売っている地元民向けの納豆にも「柚子の特製タレ付きぜよ！」と書いてあったり、温泉玉子に龍馬がプリントされていたり。本当に親しまれているのですね。コメンテーターのデハラさんにとってはもはや「慣れてしまって何も感じません、くまモン的フリー素材です」とのこと。まあでもそういうものがある、ってこと自体がうらやましいですね。龍馬の他に「よさこい」ワードも、街の看板やTVのコピーに、頻繁に出てきておりました（用法としては「よさこいパワー」とか「よさこいでGO！」とか、ちょっと抽象的なのですが）。そして宿泊したホテルの部屋の窓の外には至近距離に高知で最もポピュラーな日本酒「**土佐の鶴**」（10）の大きなネオンがどばーん。……実は47県も回ると、たまーに「あれ、今私何県にいるんだっけ!?」と一瞬わからなくなることが何度かあったのですが、これだけあちこちにアイコンがあると、常に高知にいる自覚が離れないものです。

　高知で行ってみたスーパーは「サニーマート」毎日屋大橋通り店。箸と茶碗のシンプルなマークが素敵です。場所は観光地として有名な「ひろめ市場」のすぐ向かい側。私が「高知にいる」とツイートするとすぐに何人かが「それならひろめ市場のここに行け」とレスが入るほどファンの多い所です。ひろめ市場だけではなく、高知全般に対して友人たちが世話を焼きたがるというか、行った人は相当いい思いをしたようで、あそこに行けここに行け、なんなら親戚の所

南国らしいシュロの木があちこちに。

に泊まれ、と、他の県では考えられない構われっぷりでした。誘導されるがまま食べた、ひろめ市場の「塩たたき定食」、ウマかったです。

そして他には「サンシャイン」リオ店。とにかく店内が整頓されていて美しい。地産地消のコーナーもあり。なんといっても店内放送が素敵でした。ちょっと初々しい感じの女性2人（社員でしょうか?）の掛け合い、しかも高知弁！　レシートを貯めて応募すると東京&横浜ツアーが当たる、というもの。西日本でみんなが行きたがるのは京都、というケースが多かったので寂しかったから、なんだか嬉しいです。「レシートとっておかなならんなあ～」。

それと「ＡｃｅＯｎｅ」。ここは売り場のあちこちに箱が積まれていて、ディスカウントスーパーという感じです。

スーパーの売り場の特徴としては、四国の他県ほど麺類、味噌類を見かけないこと。なんとなく文化の違いを感じます。圧倒的に多いのは柚子を使った食品。ブランドを全国的に広めることに成功した「山路村」シリーズも高知のメーカーです。関東では柚子ポン酢があまりにも有名ですが、高知では柚子ジャムとか、柚子寿司酢とか商品のバリエーションも多い（ただし、類似したデザインのものもたくさんあったのでご注意）。私も酸っぱいものは大好きなので、柚子だらけの食品がテーブルに並ぶところを想像すると嬉しくなります。ただ意外だったのは、「土佐の柚子～」とあれば高知産というわけではなかったこと。案外、九州とかの他府県で作られているものも多いのです。

日本酒の携帯用パックの数もかなり……デハラさんの言う通り酒好きの多い県民性、何かと外に酒を連れ出す機会も多いのでしょう。また、酒好きの辛党が多いためか、他府県に比べてこってりモッチリした、いわゆる餅系の甘いもの、それらの素材はそれほど多くはありません。

ご当地菓子として知られるようになった「**ミレー**」（3）も、甘さよりもほんのり塩味が印象に残るお菓子。ワインやカクテルにもばっちり合います。気が付くと1袋あっという間に空いてしまうことも。スーパーでは見かけませんでしたが、大きなビン入りのミレーもあり。そしてさらにその上をいく、800グラム入ったまさに枕サイズの「ミレーの枕」も!!　公式サイトではちゃんと布団と組み合わせた写真があったりして、思わず頬が緩みます。逆に、ついついたくさん食べてしまう人のため？　タテにつながった小袋も。ミレーにハマったみなさん、これら大きめサイズは公式サイトからお取り寄せ可能です。案内役キャラも愛らしい。約60年間高知県民をとりこにしてきたミレー、まだの人はぜひ。

ご当地コメンテーターに聞け！　高知県出身 **デハラユキノリ** さん

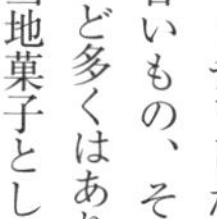

出身は高知市内。街に近いところです。県民性は、酒飲み。すごく当てはまります。細かいことを考えられない（よい意味も悪い意味も）。街育ちなので、東西の端っこや山奥に行くことが少ないです。性格も海と山では多少違う感じがします。（四国の他3県に比べて何でも高知が1番と思っているか？）実は思っています。数字などで見ると明らかに負けていても、肌で感じる部分で高知が1番だと思っています。主に食べ物や人の面白さ。近所のトーヨーというスーパーで高3までほぼ毎日お菓子を買いまくっていました。わさビーフ、いもケンピ、あんこ系全般よく買いました。

Yukinori Dehara:

フィギュアイラストレーター。1974年高知カツオ生まれビール育ち。年間制作フィギュア300体、年間消費ビール300リットル。きのこの山のキャラクター「きの山さん」などのデザインを手がける。

040 福岡

奥まで分け入った人だけが知る、2時間限定の飯どころ。インテリアショップと見紛うような心地良い空間。博多のスーパーは自由自在。

日本全国スーパーマーケットラリーの最終ブロックが沖縄・九州。沖縄から北上し、ゴールテープを切ったのが福岡県。何もかも懐かしい。いえ、この本ではまだ沖縄まで続きます。

最後に福岡に行ったのは、スーパー取材を始める少し前。九州エリア初のＩＫＥＡ(スウェーデン発のインテリアと雑貨のショップ)が博多に開店した時です。コメンテーターの桜木さんの言う通り、福岡の人たちは相当な新しもの好き。当時も真夏の炎天下というのに、今までオープンした他のＩＫＥＡに比べてもかなりの混雑ぶりでした。そんな熱い博多で巡ったスーパーは、「ニューヨークストア」住吉店、「にしてつストア」レガネット天神、「ｍａｋｉｉ」、「アントレー・ド・ポム」平尾店、「ボンラパス」そして「ショッピングセンターにいの」。

今回の取材、友人知人、いろいろな組織から情報をいただき、限られた時間ではありますがリストアップしたスーパーをできるだけ見て回りました。主な基準はその県発祥であることと、車がなくても行けること。あとは、どうしても心惹かれる「なにか」があること。ショッピングセンターにいのは、たしか友人の友人からの情報で「ものすごく昭和なスーパーの1番奥に、1日2時間だけ食堂がオープンする」と。……これはそそりますよね！　かの水木しげる先生もおっしゃいました。人は、「面白そうだ」と思ったほうに動くものだ、と。まさしくそう思った私は食堂の開店時間を調べ(午後12時～14時)、勇んで訪れました。聞いていた通り、棚は低く店内がひと目で見渡せ、レジもこぢんまりとひとつだけ。スーパー取材が始まる前に行ってきた、ベトナムのスーパーに雰囲気が似ていなくもありません。さて店の奥には12～15人ほど座れるカウンターがあり、さらにその奥に厨房が。最初に注文して清算。札をもらい席に座って待ちます。そのとき、私以外の全員が20～30代の男性。こういうレトロな雰囲気が好きな女性もいっぱいいるのに、ちょっと珍しいなと思いました。メニューは上から「オムそばめし」「坦々ちゃんぽん」「オムライス」ｅｔｃ……。初めての店で確実にいいものを食べるための私のセオリーは「迷ったらメニューの一番上を選ぶべし」。これで失敗したことはほぼ、ありません。というわけでオムそばめし６００円を選び、

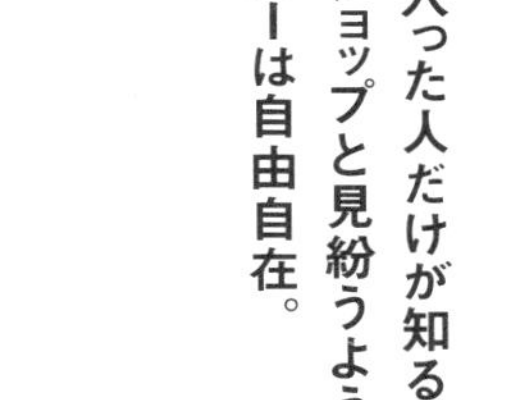

ショッピングセンターにいのの大盛りオムそばめし。

カウンターで待ちます。ほどなくして運ばれてきたものを見て、ここにいる人がなぜ全員男性なのかがわかりました。量がものすごく多いのです。……おそらく通常の食堂の倍近くはあるのではないでしょうか。心配になるくらいのサービス精神です。私は大食なので問題ありませんが、たしかに普通の女性にはきついかも。ソバが混ざった炒飯の上にオムレツを乗せた至高のB級グルメ。元気出ること間違いなしです。

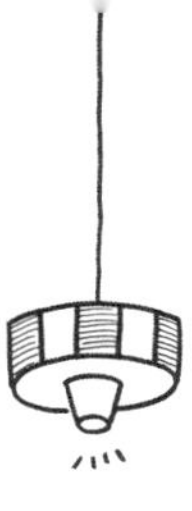

ニューヨークストアのレジ上にあったおしゃれなペンダントライト。

　さて他に立ち寄ったスーパーはニューヨークストア。茶色が基調の落ち着いたインテリアと店員さんのコスチュームが、完璧な居心地の良さを演出しています。レジの上の照明も北欧のリビングにありそうなデザインで素敵でした。それと、にしてつストア レガネット天神。地下鉄天神駅直結の便利なスーパーです。全国から厳選したものが並ぶ棚には力がこもっています。特に調味料のラインナップはどんな料理もどんとこいのバリエーション。通勤途中に寄るのが便利なスーパーです。

　隠れ家的一軒家レストラン、じゃなくてスーパーｍａｋｉｉ。志の高い自然派ストア、という趣です。光が降り注ぐ小さい中庭の雰囲気も素晴らしい。デリも充実していて、小さい駐車場はひっきりなしに車が出たり入ったりしています。離れでは料理教室やイベントも。「だしのコース」「博多雑煮」「課外授業・稲刈り」「ワインとチーズの試食会」など魅力的なコースがいっぱい。博多の文化のひとつを担っている貴重なスーパーです。ここでは完全に観光客向けだと思っていた「**二〇加煎餅**（にわかせんぺい……せんべいではありません、ぺい、です）」（4）の小さなサイズを購入。桜木さんによると、昔は大きいサイズしかなかったけれど、今は味の種類もサイズもぐんと増えたそうです。普通のご家庭でも食べやすくなったんですね。

　日本全国で豊富にみつかった麸は、ここ福岡ではそれほど見かけません。乾物で多かったのは、とにかくラーメン類です。生麺のほうが人気がありそうですが、昔ながらの棒状ラーメン、「**マルタイラーメン**」（8）シリーズの人気は不動です。

　博多は都市型の中小規模スーパーが多く、スペースの都合上お酒があまり置いていないのがちょこっと残念でした。ただ、必ず近くに酒屋さんがあるので、手に入らないということはないのですが。

　知れば知るほど個性的な福岡のスーパー、まだまだ発掘しがいがありそうです。

ご当地コメンテーターに聞け！　福岡県出身 **桜木もえ** さん

私は、生まれも育ちも「福岡市」です。福岡の県民性は、親切でサッパリ、親しみやすく世話焼きで、新しいものが大好き。おしゃれで美男美女が多いと思いますよ。子ども時代の思い出は、おつかいに行くたび、スーパー内のなじみの店舗で「から揚げとアイスクリーム」を買っていたことです。カウンター越しにおばちゃんが、「よく来たね」とから揚げをひとつか2つおまけしてくれるの。嬉しかったなぁ。スーパーレジ担当のおばちゃんが、スーパーカゴの商品に視線を向けたままレジを叩く速さと正確さには子供ながらに感心していました。当時はそういう言葉はなかったけれど、ブラインドタッチですね（笑）。

Moe Sakuragi:
看護師・ライター・作家。著書に『ばたばたナース』シリーズ（講談社）、『毎日がナース日和』（大和書房）、『子育てナースなんだもん』（リヨン社）など。看護雑誌などにも連載あり。博士課程後期の大学院生でもある。

041 佐賀

人に歴史あり、商品の裏に解説あり。佐賀がみつかるスーパーへ。

ご当地コメントに、以前、佐賀県のキャッチフレーズが「佐賀をさがそう」だったとありますが、今はどうでしょう。ご安心を。スーパーの中には「うまか王国佐賀」ののぼりがたくさんありました。

佐賀駅起点で巡ったスーパーは「アルタ」新栄店、「あんくる夢市場」佐賀本店、「スーパーモリナガ」など。今までのどの街よりも、地元スーパーが駅からバラバラな方向に散っている、スーパーマーケットマニア泣かせの立地。コースを考えるのは困難を極めました。できるだけバスを使いたいのですが、時間の節約のため何度かタクシーに乗ることに。「父親が地主なんだが山の境界線のことで揉め事ばかりだ」とおもむろに吐露し始めた運転手さんに、佐賀市のスーパー事情を聞いてみると、最近かなり大規模なショッピングモールが出来て人の流れがずいぶん変わったとか。でも、おかげでいくつかの小規模スーパーや個人商店にはますます繁盛しているところもある、とのこと。なんだかほっとしました。

さて**「伊之助めん」**（3）の裏面には商品の由来が書いてあり、これがなかなかいい話。小豆島から佐賀に渡った僧が急病に倒れ、これを献身的に介抱したのが伊之助。快復した僧は御礼に秘伝の麺の製法を伝授したそうです。天与の稼業と受け止めた伊之助は製麺業に励むことになり……今に至るそうです。グッジョブ佐賀県人。私はこういう、商品の裏箱に書いてある、いわゆるちょっとした話が大好きです。佐賀の銘菓、**「徳永飴」**（1）裏面の「…遠く慶長年間より参百五拾余年に渡り伝統製法の…」という口上も、売り場に佇んで真剣に読んでしまいました。今はネットで後追い調査もできますが、現物に書いてあると所有欲が刺激されます。

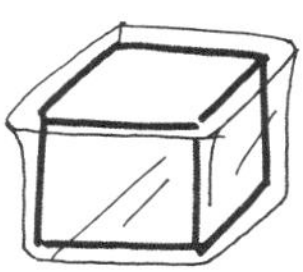

佐賀、長崎あたりの豆腐は立方体に近いのだ。

ご当地コメンテーターに聞け！　佐賀県出身　**村山太一**さん

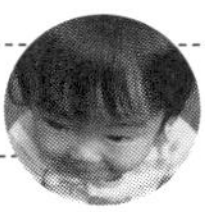

県民性としては、福岡県と長崎県に挟まれて、平地で、地道にずっと農耕に勤しんできたので、「保守的でよそ者を嫌う」という面がありますね。逆に美点としては「奥ゆかしい」「謙虚」など。昔流行ったはなわさんの歌にもあったように、当時の佐賀のキャッチフレーズが「佐賀をさがそう」。……佐賀のおすすめは、探さないとみつからないということなんです（笑）。まあこれは自分も含め回りの佐賀人にも、少なからず心当たりがあるはずですね。

Taichi Murayama:
生まれも育ちも佐賀県。なのに、奥田民生に憧れて今は広島でラジオ・ディレクター。RCCラジオの生ワイド番組「日々感謝。ヒビカン」で、今日も元気にキューを振っています。娘がもうすぐ2歳になります。

全国津々浦々で作られていることがわかった、愛すべき麩。丸いもの、長いもの、切り込んだもの。そのオリジナリティ溢れる書体もいろいろ。

042

長崎

急な斜面と路面電車の街。長崎は何で出来ている？ あじさい、ちゃんぽん、シーボルト。

長崎も、今回の取材で初めて訪れた県です。着いたのは夜遅かったので、とりあえず駅前のホテルに転がり込み爆睡。朝カーテンを開けてみて、ぎょっ。ホテルの後ろがすぐ斜面で、崖のような所が住宅地になっている迫力の景観。こんなに坂というか、急斜面の多い所とは思いませんでした。よく見ると住宅地だけでなく墓地もかなりの割合を占めていて、独特です。

さて、高知に龍馬がいたように、長崎で出迎えてくれたのは、シーボルト。……鎖国時代の日本、長崎の出島で蘭学教育と日本文化の研究に身を捧げたドイツ人、フィリップ・フランツ・フォン・シーボルトのことは、みんなが日本史で習って、そして忘れてしまっているわけですが、長崎県民は忘れていません。美容院はシーボレラ、ショッピングセンターはシーボルタウン。コメンテーターの松尾さんによると、「政治的に当たり障りなく、かつ異国情緒をかもし出すので、観光に使い勝手がいい人物だからよく引っぱり出されているのかもしれません。特に尊敬されてるみたいな感覚じゃないんですよね。でも、シーボルトさんね、みたいな親近感は刷り込まれてます」偉人というよりも身近なおじさん的なイメージなのでしょうか。もっと尊敬したほうがいいと思います。

長崎で取材したスーパーは「Sマート」新大工店、「ジョイフルサン」新大工町店。どちらも長崎駅から路面電車で新大工町下車すぐ。このあたりは観光客というより、地元の人のほうが圧倒的に多いようです。

九州四国地方ではおなじみの甘い醤油、そして麦味噌の説明はもういりませんね。「**うに豆**」（3）や「**一口香**《いっこうこう》」（6）は初めて食べたお菓子。うに豆はウニ味の再現度がかなり高い小さなせんべいで、県外にもファンは多く、気を付けて見てみるとお土産ショップにも並んでいました。一口香は昔ながらの地元銘菓で、松尾さん曰く「ひいじいちゃんの家へ遊びにいったとき、よく出てきたお菓子です。いや、毎回くらい出てきていた。ひいじちゃんばあちゃん思い出して、涙出ました。しょうがを甘く煮たような、たしかちょっとそれに少しハッカが利いたような味で、年寄り好みかもしれませんが、幼い当時から好きでした。いまでもかなりハイレベルな味だと思います！」たしかに子供には解釈しにくい複雑な味ですが、その分記憶に刻まれ

遺影のごとく店長の写真が飾ってある、とあるスーパー。インパクト大。

たのだと思います。これからもきっと残っていくお菓子なのでしょう。

忘れてはならないのが、ちゃんぽんです。スーパーでもスープ、麺、その他具材が目立つ所にひと通り揃っていて、もう毎日がフェア！　長崎の県民食の決定版です。私もごくたまに東京の店でちゃんぽんをいただくときはありますが、家庭のちゃんぽんというのはまだ知りません。松尾さんにさらに詳しく聞いてみましょう。

「**『ちゃんぽんスープ』**（7）、これぞ長崎の『お袋の味』です！　高校のとき『うちも使いよるよ』『え、うちもよ！』といった具合に、所属していた女子バスケ部全員の家でお母さんが使っていると発覚したことがあります。地元家庭料理に粉末使用なんて、もしかしたら暴いてはいけない真実かも？　ですが、県外の方が想像する以上に、長崎人は家でちゃんぽんを食べます。子供が小さいうちはファミレス代わりにチェーン店の『リンガーハット』も利用するし、県外の客が来たときはおいしい中華料理屋なんかにも行きますが、ちゃんぽん＝基本は家庭料理。家庭料理であるがゆえ手間などかけられませんので、この粉末をベースに、あとは各家庭ごとに、しょうがやニンニクを入れたり、魚介を多めにしてみたり、と工夫するわけです。この粉末のおかげで、忙しい現代でも、ちゃんぽん（家庭の味）が食べられる。ありがとう粉末！」

でもこれ佐世保限定の話だったらごめんなさい。

「ちなみに、大人になった今、帰省するたびにこの粉末を大量購入して帰ります。が、しかし、実は問題が『麺』なのです。粉末は持ち帰られても、東京のスーパーにはちゃんぽんの生麺が売っていない。これは本州へ出た長崎人だったら一度は経験するカルチャーショックだと思います。先日、東京の某有名もつ鍋屋で〆に出てきたちゃんぽん麺ですら、本物と似ても似つかぬ代用品で、鍋をひっくり返しそうになりましたよ（涙）」

バスケ部女子全員とは、最低でも5人、ということですね。ベースに同じ粉末を使っていても、家庭ごとにかなり味が違うようなので、ますますお宅訪問して確かめてみたいものです。

そういえば長崎のアイコンがもうひとつありました、あじさいです。端の欄干にも、路面電車の駅にも、マンホールのフタにもあじさいの図柄。あじさいをみつけて歩くのも楽しいですね。

あじさい柄のマンホールのフタ。

ご当地コメンテーターに聞け！　長崎県出身　**松尾亜紀子**さん

出身地は、長崎県の北部の佐世保という所です。九十九島とハンバーガーの街です。県民性は、「出島があったから」というそれだけの理由で、開放的であまり人見知りしない、よく言えばおおらか、悪く言えば大雑把、とか言われますね。……あ、結構当てはまるかも。雑ってとこが特に（笑）。家庭料理は、とにかく、ちゃんぽん！　実は手軽な家庭料理。あとは、豊潤な恵みの海のおかげで刺身が安くておいしいので、食卓にはかなり頻繁に出ます。刺身=ごちそうでなく、究極の手抜き料理。あとは、魚のすり身にしょうゆ付けて食べるとか、なんかやっぱり地産の素材をそのまま食べる系が多いです。

Akiko Matsuo:
書籍編集者（河出書房新社）。エッセイ&ルポから海外文学、漫画、実用書まで節操なく編集中！　森井ユカの『IKEAファンブック』『雑貨コレクターの旅スタイル』も担当。

043

熊本

火の国は、スーパーも熱く燃えていた。対面してこそ得られる、本当のサービスとは？

初めての熊本。そして雨の熊本。私が熊本に抱くイメージは、ご当地コメントにもあるように、情熱的な「火の国」。はたして実際はどうでしょうか。

スーパーの掲示板に貼ってある地域の掲示物が、「来たれ空手教室！」とかサッカー大会とか、やたらスポーツに関する元気なものが多いような気がします。入口に大きなホワイトボードを置いて、常にセール情報を加筆、更新しているスーパーも。そんなマメなところは他にありませんでした。

訪れたスーパーは「スーパーストアダイノブ」萩原店、「フーディワン」浜線店などなど。ダイノブとフーディワンは熊本から2つ目の南熊本駅徒歩圏です。

ダイノブは駅に近い庶民的なスーパー、熊本産のものがたくさんみつかります。フーディワンは、日本各地から厳選された食品に加え、「**関の揚**」（12）など熊本産のマニアックなものも。駅からはちょっと歩くけど、夜にたどり着いたらそのきらびやかな外観にうっとりするはず。それぞれ個性的なスーパーです。

フーディワンでは、サイトで見ていた素敵なエコバッグが売れ切れ、残念がっていたら、何人かで時間をかけてバックヤードを探してくれて、やっとひとつ発掘してくれました。

また別のスーパーでは、商品を発送するとき、いつものように「熊本産のものだけお土産にいっぱい買ったんですよ」と言ってみました。そしたら従業員さん、「ちょっと待って！」とどこかに走って行き、しばらくして、くまモンがプリントされた割箸袋をどっさり持って戻って来てくれて、「東京にないでしょう？」と言って荷物にぎゅーーっと押し込んでくれました。

やっぱり熊本は熱かった。従業員さーん、ありがとう！

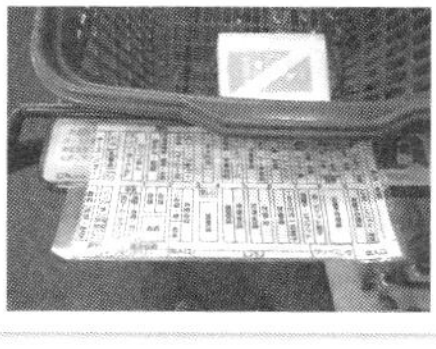

カートに貼ってあった、わかりやすい商品レイアウト図。親切～。

ご当地コメンテーターに聞け！　熊本県出身 **馬原雲母** さん

熊本の、川尻という職人の集まる地域出身です。中学に上がると同時に、熊本の商業の中心街である上通りへと引っ越しました。「肥後もっこす」という、頑固で亭主関白な気質が熊本の男性にはあると言われています。でもむしろ女性のほうが猛々しいというか…私が見てきた熊本の女性はみんなおしゃれで、気が強く、よく笑い、情熱的です。まさに火の国といった感じ。熊本には「一文字ぐるぐる」という家庭料理があります。茹でた細ネギの下部に、上部をぐるぐる巻き付けるだけ。酢味噌でいただくソレはとてもシンプルでおいしいんですが…子供心には地味な味だった！　今食べたら絶対好きなんだけどなあ。

Kirara Mahara:
デザインコンサルにてデザイナー、ストアブランディングを担当。桑沢デザイン研究所ビジュアルデザイン専攻卒。イラストを描いたり文章を書いたり漫画を描いたりもしています。近況はtobutori.comにて。

044

大分

看板のような牛乳に、「世界一」の醤油。旅先での親切が身にしみる。

情熱の火の国のあとにやってきた大分。ここでも私は地元の厚い親切にお世話になることに。乗ってきた大分止まりの電車に、仕事の書類をごっそり忘れてしまい（ということに実は気が付いていなかったのですが）、拾得してくれた大分駅の駅員さんが、私の事務所に電話をかけてくれたのでした。もう、大感謝です。書類が無事に手元に戻り、気を取り直してスーパー取材へ。

　回ったスーパーは、大分駅の北側、賑やかなアーケード街にある「トキハインダストリー」若草公園店と、駅の南側、住宅地にある「マルショク」と「マルミヤストア」。

　ものすごく際立った特徴のある食品というのはないのですが、やはりかぼすを使った食品はたくさん。「**かぼすぽん酢**」(2)、「**かぼす飴**」(6)、「**iichiko BAR Kabosu Liqueur**」(16)。カラーページ(P104)の大分の商品写真全体が、なーんとなく緑がかって見える気がします。かぼすは柚子よりもミカン寄りで、香りの柚子に対して味のかぼす、といった印象。大分の台所では、生かぼすを常にどっさりストックしているそうです。

　日本の乳製品のパックの中でも目立っていたのが「**デカ**」シリーズ(8)。デカというネーミングにまずパンチがあります。絵やマークなどは極力抑え、タイトルである「デカ」を連呼。これは覚えますね。だんだん文字が模様のように見えてきます。

　そして「**世界一**」(11)は世界一大きな樽で熟成された醤油。大分で最もメジャーな醸造食品メーカー、九州で知らない人はたぶんいない、フンドーキンの製品です。質実剛健を旨とする大分人も、やるときは世界一を目指す！　このギャップがカッコいいではないですか。

雨の中、スーパーの出口で客に声をかける猫。

ご当地コメンテーターに聞け！　大分県生まれ　**雑賀四四十**　さん

両親共に大分出身で、子供の頃は春夏休みによく大分に帰っていました。年の1～2カ月は母の実家の大分市で過ごしていたのではないでしょうか。スーパーといえば、母や祖母が近所のマルショクをよく利用していました。オヤツによく、きな粉をまぶした「やせうま」（P.105参照）を作ってくれましたが、市販のものより1.5～2倍は太かった気がします。父の出身の臼杵市地方では「頑固・ケチ・利己的」と言われる「赤猫根性」と称される県民性があるようで、まさにそのまま。幼い頃から父に似ていると言われますが、断固認めません。いい意味では「質素・倹約・勉励」、そこは自分にも当てはまるかな?

Shishito Saiga:
KARA-FULLという屋号でWebを中心に分野問わずデザイン活動を行うクリエイター（自称、図案創作家）。絵や版画などの手作業をライフワークに、日々ギャラリー巡りに明け暮れる展示マニア。

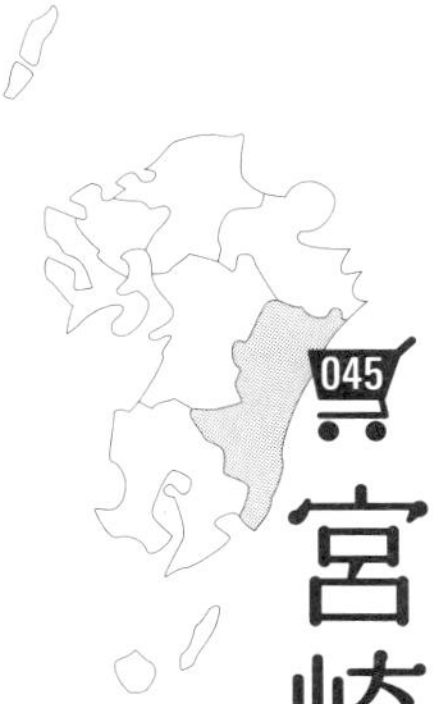

045 宮崎

個性ある宮崎のスーパーマーケット。志の高いスーパーに共通する、あるひとつのこと。

　2011年の震災がきっかけで西日本に移住した友人知人が何人かいます。コメンテーターの梁田さんもそのひとりですが、たまたま旦那さんの異動の話も重なって渡りに船だったとのこと。今まであまり運転していなかった車であちこち行ったり、近所に畑を借りたりして、宮崎暮らしをエンジョイしています。一度宮崎へ会いに行ったときには、あちこち連れて行ってもらい、たとえばオーガニックなカフェなんかの客層や食器、レジ周りから、食に対する真剣で純粋なこだわりを感じました。なんというか、震災に関係なく、我々はもっと住むところを能動的に選んでいいのではないかとも思いました。

　さて、そんな梁田さんのおすすめが「フーデリー」。宮崎駅から徒歩圏の青葉店は、品揃え、店員さんの対応、POP、あらゆる面のクオリティがたしかに高いです。買ったものを東京に送ってもらうとき、店員さんとの雑談で明日宮崎を離れると言うと自然に「それはお気をつけて」と返されました。20代前半の店員さんでしたが、さすがとしか言えません。他に訪れたのは「まつの」西池店、ここはレジのシステムを簡略化してセルフで通れるようになっています。宮崎駅からちょっと遠い「ながの屋」霧島店も、コンパクトながらぐるっと中心まで回りつつ買物ができるユニークな設計。どこも印象に残るスーパーでした。

　百何10軒ものスーパーを回ってみてわかったことがひとつあります。売り場が活き活きとしてファンも多いスーパーは、カゴが清潔に保たれ、カートの走行状態も抜群です。カゴとカートさえ美しければ良いスーパーというわけではなく、志の高いスーパーのカゴとカートはみんな美しい。これはホントです。

ご当地コメンテーターに聞け！　宮崎県在住　**梁田智子** さん

出身は秋田、生活の基盤はずっと関東でしたが、震災後、地震や原発事故の影響を考えていたときに夫の転勤話が出て、夫の出身地でもある宮崎県に家族で移住しました。宮崎の人たちはとにかく真面目でよく働く印象を持ちました。南国のイメージから、のんびりした生活を送れると思っていたら大間違いで、朝は早いし、残業の多い企業も少なくないようです。食に関心のある、いわゆる感度の高い人たちも多いですね。オーガニックやマクロビオティックの飲食店もよく見かけますし、週末になると、あちこちで地産地消のマーケットが開かれていて楽しいですよ。

Tomoko Yanata:
ライター&パートタイマー&週末ファーマー。雑誌『TVガイド』の編集、宣伝担当等を経て、2012年春より宮崎在住。「宮崎大学農学部」facebookページに関わり、地道に情報を発信中。

書道教室や塾、迷いネコ……。地元の告知で賑わうスーパーの掲示板。日本でも海外でも、コレを見るのが楽しみ。

046

鹿児島

スーパーはさつまあげの博物館。いもと黒糖と甘い醤油、なぜかお菓子は東京産。スーパーマーケットマニアは今日も行く。

沖縄から空路で鹿児島にやって来ました。もう何度も来ているので、空港に降りるとなんだか懐かしい。鹿児島には縁があって、ここ数年の滞在日数はトータルで1ヶ月くらいになるかもしれません。実は屋久島に、私の土地があるのです。と言ってもお値段は普通の自動車1台分くらい、固定資産税も0円の(つまりそれほどの価値なし、と判断されている)草と木がぼうぼうの単なる地面です。何の保証もない商売なので、立ちゆかなくなったら草を食べてでも生きていけるよう、12年ほど前に突然思い立って、保険代わりぐらいのつもりで買ったのでした。

というわけで数年前の皆既日食のときは、屋久島にしばらく滞在しました(キャンプする気まんまんだったのですが、ログハウスを借りました)。結局当日は雨で見られなかったのですが、1週間以上滞在したでしょうか。毎日のように島のスーパーマーケットに行き自炊したものです。あるときは磯に出かけて「カメノテ」(見た目が亀の手にそっくりな、岩に貼り付く貝の一種)を捕獲し味噌汁にしたり。ほとんどの食材は鹿児島本土から運ばれてくるもので、たとえば醤油などはもちろん甘めの甘露醤油。毎日豚肉の焼そばやバーベキューなどしておりました。ああ、これで日蝕が見えていたら最高だったのに……。

さて今回のスーパー取材では鹿児島市内に滞在しておりました。行ってみたスーパーは「山形屋ストア」西田店、「スーパーハルタ」いづろ店、「タイヨー」などなど。鹿児島駅徒歩か、あるいは路面電車で数駅です。

スーパーには当然のことながら、さつまあげが多いです。大きさも種類もバリエーション豊富。数えてみたところ、あるスーパーでは20種近く。鹿児島県民にはなくてはならないおかずなのですね。

他府県に比べて比較的数が少ないものは、梅干しや漬物。テイクアウトの弁当類を見ても、それほど多くは添えられていません。いわゆる漬物用の調味料も、浅漬けの素くらい。ぬか漬けや溜まり漬けの素は見ませんでした。コメンテーターの重吉さんに聞いてみると、あまり食べないということではないそう。鹿児島ではお茶菓子の代わりに来客に漬物を出すこともよくあ

鹿児島の路上にある、桜島の灰の収集場。固めてブロックにするなど、再利用するそう。

るそうで、ラーメン屋には大根の漬物が置いてあり、お茶と漬物をいただきながら注文を待つそうです。あ、はい、そのラーメン屋さんの漬物、知っています。めちゃめちゃ塩分が薄くて、ヘルシーだと思いました。関東ではあまりない薄さです。鹿児島や沖縄の人はあまり塩分を取らないから健康的だと聞きますが、このような所に家庭の食生活も現れている気がします。

それと、東京では見たことのない東京産のお菓子が多く、なんだか、知らなかった東京を覗き見してしまったような気がします。また、黒糖は鹿児島産のものがとても多いのに、なぜかかりんとうのほとんどが東京や埼玉など、関東産のものでした。

ついでに、九州や四国でたびたび見かけた缶詰の「江戸っ子煮」(昆布や野菜が煮しめられたもの)、東京産ではなく愛媛産です。そしてこれもやはり東京では見たことがありません。

いつものように、買ったものをスーパーのサービスカウンターから配送します。担当の店員さんに今回も、「よそから来たのでお土産に県産のものばかり買ってみたんですよ」と話しかけてみることに。鹿児島では話が弾みました。「鹿児島県のものを買ってくれたの？　ありがたいわ〜。これ全部なじみあるよー。甘い醤油買ったのね？　私は大好きだけど、関東の人に嫌いって言われちゃうのよね。あなた好きなの？　珍しいねえ。米の粉、だんごの粉も、料理やお菓子作りによく使いますよ。東京にはあまりないのかな」。はい、甘い醤油は大好きです。友人に送ってもらうくらいです。

…………

さあ、ここまでで、全国、その県発祥のスーパーに行く、というルールは守ったうえで、いろいろな規模のお店を回りました。鹿児島に限ったことではなくどの県もそうなのですが、巨大なスーパーマーケットがどんどん増えていて、地元発祥の小さいチェーンはなくなってしまうか、大手に取り込まれていきます。味のある個人商店や独立経営のスーパーは、商品を仕入れるルートが限られているため、地元産の個性的な商品よりも、全国に流通している一般的な商品のほうが入手しやすい場合が多く、無難な品揃えになってしまうようです（野菜など生鮮は別）。もしかしたら15〜20店舗前後くらいの、中規模のスーパーチェーンが最も個性を発揮しやすいのかもしれません。

人の生活も嗜好も変わっていきます。ネットショップの台頭も無視できません。これから私たちとスーパーマーケットとの関係はどうなっていくのでしょうか。私の旅は、まだまだ続きます！

ご当地コメンテーターに聞け！　鹿児島県出身 **重吉明** さん

霧島市隼人町の出身。基本的に温厚でオープンな人が多く人懐っこい。その反面、仲間うちでの結束が固く外からの人間に対し排他的な部分がある人も。よくも悪くも適当でルーズな所がある人が多い？→僕も当てはまります。西郷さんのことはみんな大好き？→大久保利通より西郷隆盛のほうが好き。女性がいないと男性は何もできないというような印象もあります。18歳のときに鹿児島を出て社会人になってから、たまに親戚の集まりに参加すると、もう少し男性陣も動いてもいいのではないかと思ったりします。

Akira Shigeyoshi:
会社員。鹿児島をこよなく愛する薩摩っ子。社会人になり東京で生活するようになってから鹿児島の良さにあらためて気付く。鹿児島を始め地方と東京をつなげて面白いことができないかな〜？　と漠然とですが考えています。

047

沖縄

沖縄スーパーの粋な作業スペース。切っても切れない食材、麸。おいしいものが、人と世界を動かす。

適度な湿気と陽の光、酒と美食の国、沖縄。私が取材で訪れたときは、3日後が那覇マラソンの開催日。どうりで航空券もホテルも取りにくかったわけです。往来には練習をしているランナーもよく見かけました。

本当は沖縄の島々までも回りたかったのですが、今回の取材は那覇のみ。「サンエー」那覇メインプレイス店、「ユニオン」赤嶺店、「かねひで」壺川店など。

サンエーは、ゆいレールのおもろまち駅下車。大規模なモールの中に入っています。新しくてきれい、通路も広々。ものも豊富。アメリカの缶詰ミートローフが好きな人は目指すべし。30センチくらいの大型缶があります。デューティーフリーショップもすぐ近くにあり、那覇の中でも観光客が多いスーパーと言えそう。それを察した店側が設置したレジ後の「セルフ梱包コーナー」の充実っぷりがすごいです。段ボール箱、緩衝剤、古新聞、ヒモ、テープ、カッターやハサミなど、東急ハンズの一角かと思うようなスペースがあり、段ボールは無料、自由に使えます。買ったものを完璧に梱包できたなら、後はカウンターに持って行き、宅配伝票を貼って出荷するだけ。身軽〜。ここで思いっきり買物すればストレスフリーです。それともうひとつの大きな特徴が。壁に「本日の円/ドルのレート」が貼ってあるのですが、店員さんに訊ねてみたところ、100ドル以内なら、ドルでも買物ができるのだそうです。余っているドルを使ってみるのもいいかも。

一方、ユニオンはコンパクトで地元の人もいっぱい、さらになんと24時間営業。いかにもローカルな庶民派スーパーです。数年前に初めて来たときにテーマソングを覚えてしまい、今も何かきっかけがあると脳内で激しくループします。サビのキメ部分は「ユニオンですから♪」。最近はオリジナル商品も増えてきていて、「ユニオンですから」という名前の焼酎、「ユニオンでシューから」というシュークリーム……などなど、来るたびに新しいものを見かけます。

今回つくづくおいしいと思ったのは、「**じーまーみとうふ**」(7)。ピーナッツの絞り汁に、芋のでんぷんを加えて作られるものです。豆腐とはいえ、お餅のようなしっかりした食感があり、食後の満足感がすごく高いのです。私は東京にいると夏バテがひどいので、こういう冷たくてモチッとしたものがあると

100ドル以内なら外貨が使えるスーパーも。

食欲が増進していいかも。東京のスーパーでも手に入るようになることを、切に願います。

そして、日本中で生産されている麸。ここ沖縄も例外ではない……どころか、麸がなくてはならない、ふーちゃんぷるーがあります。**「輪切り麸」**（13）でふーちゃんぷるーを作ってみることで、汁物だけではわからなかった麸の魅力、というか威力に触れることができました。私はこれからも麸を食べて生きていこうと思います。

その他、味噌や焼酎、菓子類は島ごとに食文化が違うので味も違います。ときには大胆に、ときにはちょっと食べただけではわからないくらいに。以前沖縄本島の他に、石垣島、西表島、鳩間島に行ったことがありますが、それぞれに独特でした。

コメンテーター飯塚さんのように、東京から沖縄の石垣に移住して食に携わるご夫婦がいます。日本中のウマいものを食べ歩いたところ、石垣島がベストだったので移住した、もとはカメラマンと編集者のお2人、辺銀暁峰さんと愛理さん。かけ出しの頃、お世話になりました。移住してから作り始めた手作りのラー油「石垣島ラー油」が大ヒットして、一大ラー油ブームが巻き起こりました。お2組とも、美食のインプットが、美食のアウトプットを呼んだのでしょう。

私が香港に2年間アパートを借りたことがあったのも、エンタメ文化に惹かれたのがきっかけではありますが、実際には胃袋を掴まれたといっても過言ではありません。福岡県のページで「人は面白そうだと思うほうに動く」という水木しげる先生のお言葉を引用しましたが、私の場合もうひとつ付け加えさせていただきます。

「人はおいしそうだと思ったほうに動く」、と。

ゆいレールの車窓から。
これからどこのスーパーへ行こうか……。

ご当地コメンテーターに聞け！　沖縄県在住　**飯塚みどり**さん

沖縄の食文化は、調べれば調べるほど本当に面白いです。一口に沖縄と言っても、島ごとに文化がまったく異なります。たとえば宮古島出身の人は、味噌も酒も宮古島産のものにこだわります。長生きで知られる沖縄ですが、最近のお年寄りの寿命がちょっと短くなっているそうです。これは戦後にアメリカの軍用非常食（ソーセージやスパムなどの缶詰）のおいしさに目醒めた世代が、ずっと食べ続けていたからなんですね。若い人のほうが健康的な食生活を意識しています。ところでおすすめは、久米島の「みそクッキー」。食べ始めたら止まらないですよ～。

Midori Iizuka:
料理工房・てだこ(^o^)亭店主。「てだこ」とは沖縄の言葉で「太陽の子供」。沖縄の食文化に魅せられ、那覇でイタリアンのレストランを開店し2013年で14年目。2012年にはシュヴァリエ（フランスチーズ鑑評騎士）に任命される。

超オススメ！
お一人様3点限り
メイフェアー
ビーフ&ベジタブル(大)
(454g)
198円
お一人様各1ケース限り
マルちゃん
・赤いきつねうどん
(96g)
・緑のたぬき天そば
(101g)
・沖縄そばカップ
(88g)
各89円
各1ケース12個入 1,068円
FINE & CLEAR TASTE
オリジナル
・麦曜日
・麦曜日OFF
(各350ml)
各1缶80円
各6缶入468円
1ケース買うとハッピーポイント+50
各1ケース24缶入1,850円
お一人様3点限り
ネピア
ネピネピ5P
(160W×5)
198円
お一人様3点限り
マルハ
79円
お料理に大活躍！洋食はもちろん和食や中華にもおススメ！
お一人様3点限り
オリボス
エクストラバージンオリーブオイル
(750ml)
298円
新開発「生麺うまいまま製法」がずばぬけた旨さの秘密です。
お一人様各1ケース限り
マルちゃん
正麺
・醤油味
・豚骨味
・味噌味
(各5食入)
各298円
各1ケース6個入 1,788円
人気のビールもお得です!!
オリオン
・ザザンスター
・ゼロライフ
・麦の雫
キリン
・のどごし生
(各350ml)
各6缶入628円
1ケース買うとハッピーポイント+50
各1ケース24缶入
丈夫で安心！濡れても破れにくいキッチンタオルです。
エリエール
超吸収キッチンタオル
エリエール
超吸収キッチンタオル無漂白
(2ロール)
88
お一人様3ケース限り
久米島の天然水(恵)
(2L)
58円
お一人様1ケース限り
コカコーラ ゼロ
サントリー
CCレモン
(各1.5L)
UCC
レモンティー
アサヒ
食事の脂にこの1杯
(各2L)
各148円
オリオン
ドラフトビール
(350ml)
6缶入1,048円
1ケース24缶入4,100円
1ケース買うとハッピーポイント+50
オリオン
麦職人
(350ml)
6缶入728円
1ケース24缶入2,890円
1ケース買うとハッピーポイント+50
家庭の便利品もお
お一人様3点限り
ピュアピンク
(12ロール)
198円
お一人様3点限り
ライオン
消臭ブルーダイヤ
(1kg)
238円
お一人様3点限り
P&G
ボールド
はじけて香る粉末
(900g)
258円
お一人様各3ケース限り
ハイサイ
・さんぴん茶
・お茶
(各500ml)
各50円
各1ケース24本入1,200円
お一人様各3ケース限り
ハイサイ
・さんぴん茶
・お茶
(各2L)
各100円
各1ケース6本入600円
比嘉酒造
海人パック30度
(1.8L)
898円
比嘉酒造
残波30度黒
(1.8L)
1,098円
お一人様3点限り
アクトブリーチ
(酸素系)
(2000ml)
198円
お一人様3点限り
ロケット
マイブリーチ
(1500ml)
100円
お一人様各3点限り
ラックス
スーパーリッチシャイン(替
・シャンプー
・コンディショナー
(各350g)
各298円
更、代替品にて販売する場合がございます。ご了承下さいませ。 ※この広告の売価は全て消費税込表示です。 ※広告の品が万一、売り切れの場合にはご容赦ください。 ※法令により20歳未満の方への酒

30 金 限り
金曜厳選!!
日替り商品
新米
食味値82点
超目玉品!!
沖縄食糧
長野県産
こしひかり
(24年度産)
(5kg)
2,180円
お一人様3点限り
理研
キャノーラ油
一番搾り
(1000g)
198円
食味値74点
沖縄食糧
味覚厳選
(国内産)
(4kg)
1,298円
お一人様3点限り
北部製糖
グラニュー糖
(1kg)
168円
「こしひかり」「キャノーラ油」、「味覚厳選」、「グラニュー糖」は11月30日(金)のみの販売となります。
超オススメ!
お一人様3点限り
TULIP
チューリップ
ポークランチョンミート
(うす塩味)
(340g)
188円
超オススメ!
お一人様各24缶限り
SPAM
ホーメル
・スパム減塩
・スパムレギ
(各340g)
各198
お一人様各1ケース限り
各1ケース24缶入
ちゃんぷるーや沖縄そば、カリッと焼いておつまみや朝食にも!
お一人様3点限り
WIND MILL
ウィンドミル
ベーコンディナー
(340g)
158円
薄くスライスして、カリカリに焼くのがおすすめです!
お一人様48缶限り
TULIP
チューリップ
ベーコンランチ
(300g)
178円
お一人様2ケース限り
1ケース24缶入
4,272円
食味値78点
琉球食糧
丹精ごめた
・おいしいお米
(国内産)
(5kg)
880円
食味値75点
沖縄食糧
BG愛を米
美米(国内産)
(4kg)
1,398円
新米
食味値78点
第一食糧
熊本県産
キヌヒカリ
(24年度産)(5kg)
1,980円
新米
食味値81点
とちぎコシヒカリ
新幸地
栃木県産
こしひかり
(24年度産)(5kg)
2,080円
お一人様各3点限り
ホニホ
さば
・水煮
・みそ煮
・味付
(各200g)
各88円
お一人様3ケース限り
徳島製粉
金ちゃんヌードル
(85g)
100円
1ケース12個入
1,200円
お一人様2ボール限り
オキハム
ミニコンビーフハッシュ
(82g)
59円
1ボール12個入
708円
数量制限無し!!
はごろも
シーチキンマイルド
(80g)
100円
98円
お一人様3点限り
大城
くるま麩
(3本)
128円
お一人様3点限り
鰹だし一番
(国内産)
(350g)
一番竿
498円
お一人様3点限り
味の素
ほんだし小袋
(352g)
568円
お一人様各3点限り
スニッカーズファンサイズ
(240g)
ミルキーウェイミニサイズ
(180g)
各278円
お一人様各3点限り
カルビー
かっぱえびせん
(90g)
カルビー
ポテトチップス
・うすしお味
・コンソメパンチ
(各60g)
各79円
5円コピー機(モノクロコピー 1枚)設置店舗
同業他社の方のチラシ掲載商品のまとめ買いはお断りさせていただきます。
※チラシ掲載の商品は天候状況により、商品が入荷出来

缶入りミートローフが多い沖縄のチラシ。注目は左下隅。沖縄県民はシーチキンを箱買いするほど好きらしいが、無制限とは大丈夫か!?

おわりに

私は東京の多摩市にある巨大団地群、多摩ニュータウンの端っこの公団住宅の出身です。住所にこそ東京都と付くものの、郵便番号は1ではなく2から始まり、電話番号は03ではなく0423から始まる。とてもじゃないけど「私は東京出身です」とは言えませんでした。しかも両親は新潟人で、家庭内食文化は完全に新潟のそれ（新潟の項ご参照ください）。団地ゆえ、近所にも東京出身の人をみつけることは難しく、混沌とした地場意識で大人になりました。今も昔も、自分はどこの出身だと胸を張って断言することができない！　……だからこそ日本の各県もこれだけ楽しんで取材ができたのだと、無茶なラリーを終えた今、思います。

景気や時代に大きく影響される日本の小売り業界ですが、この本が、提供する側とされる側にとって、何かのヒントになったら嬉しく思います。また、読んだ方が他府県に興味を持ってくださり、行ってみようかな、なんて思っていただければ幸いです。

出版をお引き受けいただいたのが、私がデザイン学校を卒業したての頃にイラスト（スペインのスーパーについて）を使ってくださった、『地球の歩き方』を発行するダイヤモンド・ビッグ社さんです。ご縁を感じると共に、深く感謝いたします。また、各県のあれこれに関して快くコメントを寄せてくれた47人の友人たち、制服やエプロンなどの資料を貸し出してくださった全国のスーパーマーケット様、Ｆａｃｅｂｏｏｋで様々なアドバイスをリアルタイムで書き込んでくださった47都道府県のｄの会のみなさま、無茶なオーダーに応えてくださった、カメラマンの森隆志さん、デザインを担当したスタッフ野島。私ひとりでは何もできなかった本です。関わってくださったすべての方々、本当にありがとうございました。

最後に、出版に合わせ渋谷ヒカリエのデザインミュージアムでの展覧会を決めてくださったナガオカケンメイさん、そして遅筆な私に何度も肝を冷やしたであろうプロデュース・編集の石黒謙吾さんのお２人に、大いなる感謝と心からの尊敬を。

２０１３年１月　事務所の散らかった机にて　森井ユカ

森井ユカ *Yuka Morii*

立体造形家で雑貨コレクター。小さいものを作ることと愛でることが好き過ぎて仕事にまでしてしまう。立体造形では粘土を使った立体イラストレーション、キャラクターデザイン、漫画のキャラクターの立体化など。仕事の参考にと各国を旅して玩具や雑貨を集めているうち、世界のスーパーマーケットや郵便局などで出会う、何でもない日用雑貨や食品のパッケージデザインの収集・分析にハマる。

雑貨関連の著作には『スーパーマーケットマニア』ヨーロッパ編、アジア編、アメリカ編、北欧5カ国編（すべて講談社）、『IKEA FAN BOOK』（河出書房新社）など。近著に『よくばり個人旅行！旅立つまでのガイドブック』(メディアファクトリー)。多いときは年の5分の1を取材旅行に費やす。2012年後半に、長年あたためたプランである「日本全国47都道府県のスーパー巡り」を達成した。

桑沢デザイン研究所卒、東京造形大学大学院修了。東京都多摩市の公団住宅出身。主な人格形成は、手塚治虫の漫画と東京12チャンネルの番組によるもの。 www.yuka-design.com

STAFF

セレクト・文・イラスト　森井ユカ
撮　影　森 隆志
デザイン　野島禎三（ユカデザイン）
プロデュース・編　集　石黒謙吾
制　作　ブルー・オレンジ・スタジアム

協　力　タカヤナギ・グランマート　成城石井　ニューヨークストア
フーデリー　サニーマート(毎日屋)　ヤマザワ(以上P63)
アラカワユミ　岡田里美　金子順　KARA-FULL
朽木一敏　hima://　森コウイチ　森めぐみ（敬称略）

おいしいご当地スーパーマーケット
47都道府県で出会ったひとめボレ食品さん

2013年3月14日　初版発行
2013年3月19日　初版第2刷発行

著　者　森井ユカ
発行所　ダイヤモンド・ビッグ社
〒104-0032　東京都中央区八丁堀2-9-1
電話　03-3553-6634（編集）
発売元　ダイヤモンド社
〒150-8409　東京都渋谷区神宮前6-12-17
電話　03-5778-7240（販売）

印刷・製本　中央精版印刷
編集担当　斎藤真史

ISBN　978-4-478-04394-3

品質本位

優良品

香り自慢

天然

料精撰

味乃

金印

味で一番

芳香佳味

特撰

極上

純正食品

味自慢

精撰

芳香佳味

銘茶

極上

純

特選

上煎

日本一

品質無比

金印

純